왜 불편한 관계는 반복될까?

왜 불편한 관계는 반복될까?

금선미 지음

두드림미디어

프롤로그

감정 문제가 곧 인생 문제다

'감정 문제가 곧 인생 문제다'라는 말이 있을 만큼 우린 일상에서 관계 속에서 매일 이 감정을 만나고 그것 때문에 힘들어한다. 그 힘듦의 시간 이 지나고 환경과 사람이 바뀌었는데도 또 그런 관계를 반복하고 있는 당 신을 보았을 것이다. 왜 그런 불편한 관계는 계속 반복될까? '내가 문제인 가?' 하는 고민을 해봤을 것이다. 나 또한 그랬다. 그래서 이건 오로지 상 담심리전문가인 내가 겪었던 관계 속에서의 깨달음에 관한 이야기다.

내가 오랫동안 심리학, 상담학, 교육학을 공부하면서 찾아 왔던 그 자 유의 느낌을 공유하고자 한다. 지금 이 순간도 관계 속에서 마음이 힘든 사람들에게 어떻게 하면 좋을지, 그 길이 어떤지, 얼마나 안개가 가득 낀 앞이 보이지 않는 길인지 알기에, 그 옆에서 나란히 걸으며 당신의 마음의 자유를 선물처럼 발견하기를 바란다.

'있는 그대로 자유를 만나세요'가 나를 소개하는 대표 문구다. 이것은 내가 아주 오랜 시간 걸려 쓸 수 있었던 말이고 문구다. 나는 정말이지 있는 그대로의 나를 삶 속에서 자유롭게 느끼면서 살고 싶었고 지금도 그렇게 살고자 한다.

특히, '있는 그대로'의 나를 내가 수용하기 어려웠기에, 또 '있는 그대로' 나를 수용하고 지지받았다고 느끼거나 생각하지 않았기에 더욱 그랬다. 그래서 지금도 나는 상담전문가들 집단심리상담 워크숍을 진행할 때 내 별칭을 '그대로'라고 쓴다. 더하고 설명하고 덧붙일 것 없이 그냥 나는 지금 있는 '그대로' 다. 이런 나를 더 이상 고치려 들고, 칭찬으로 통제하려 하지 말기를 바라며 역할과 책임감으로 더 이상 나를 자아 비판대에 올려두지 않기를 나 자신에게도 당부하는 말이다.

내가 상담사가 된 이유는 오로지 내담자를 이해하는 한 사람이 되고 싶어서다. 내게도 그런 단 한 사람이 참 절실히도 필요했기에 그 절박함이 무엇인지 안다. 내가 하는 말과 행동, 선택, 결정에 대해 어떤 판단과 평가 없이 그저 그렇게 옆에서 나란히 안전하게 발 폭을 맞춰 걸을 수 있는 단 한 사람이 필요했다. 그래서 상담심리전문가가 되는 이 길을 울고 웃으면서 걸어왔다. 머릿속에 맴도는 말들, 일기처럼 써오던 많은 내 속에 얘기들을 그냥 직관적으로 써 보고자 했다. 있는 그대로 솔직하게 나를 드러내고자 했다.

이 책은 관계 속에서 불편감을 느끼는 당신을 위해서, 속 시원히 당신의 그 마음속을 있는 그대로 함께 가는 여정을 담았다. 책을 읽으며 따라

가다 보면, 당신의 부정적 생각과 부정적 감정이 잘못된 것이 아니란 것을 알게 될 것이다. 오히려 함께 머물러 바라보고 느끼면서 고요하게 치유되는 경험을 할 수도 있다. 상담심리전문가라는 사람이 일상을 살면서 관계 속에서 올라오는 심리적 불편감을 어떻게 해석하고 그것을 맞닥뜨렸는지, 어떻게 수용해갔는지에 대해 구체적인 사례를 통해 제시하고 있다.

사람을 좋아했던 내가 관계 속에서 많은 실패와 좌절을 경험하면서 더 감정에 집중하게 된 이유부터 주로 어떤 사람들이 내 감정 버튼을 누르는지, 그럴 때 내 감정을 어떻게 인식하고 알아줘야 하는지, 책을 읽으면서 혼자도 일상에서 할 수 있는 불편한 감정을 편안하게 하는 방법과 감정을 어떻게 느껴줘야 하는지 구체적으로 담았다.

나는 당신이 이 책을 읽으며 마치 내 상담실에서 나를 만나 상담하듯 자기 마음의 얘기를 맘껏 꺼내 놓기를 바란다. 또 누가 어쩔까 염려하지 말고 그 마음을 그대로 느껴보길 바란다. 내 이런 바람들은 지난날 내가 어떤 작가의 책을 통해 내 마음의 아픈 방들을 만나 치유됐던 경험의 감사에서 나오는 말이다. 내 글이 나와 같은 단 한 사람에게 그렇게 닿아 마음의 방을 함께 있을 수 있다면 나는 그것으로 충분하다. 감사하다. 내가 그렇게 존재할 수 있어서. 존재 그대로 사랑인 내가, 존재 그대로 사랑이고 빛인 당신에게 이 책으로 초대장을 드린다.

3장

감정만 알아도 관계를 바꿀 수 있다

4장

불편한 감정을 편안한 감정으로 바꾸는 기술

5장

감정을 느껴야 관계가 편해진다

1장

내가 나의 감정에 집중하는 이유

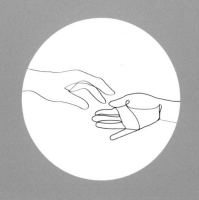

관계가 틀어지는 이유는
불편한 감정 때문이다

'어린 시절' 하면, 내겐 떠오르는 기억이 별로 없다. 그런데 딱 하나 일관되게 기억나는 나의 모습이 있다. 몇 살이라고 꼭 집어 말할 수 없는 그 어느 때부터 난 사람들의 표정을 관찰하는 버릇이 있었다. 내가 이렇게 유심히 타인을 관찰하는지는 나중에 커서 가까운 친구나 가족들이 말해줘서야 알았다.

그렇게 타인을 '뚫어지라'고 쳐다봤던 이유는, 사람들이 행복한지 늘 궁금해서였다. 표정이 어두우면 어두운 대로 왜 그런지 궁금했고, 밝은 기운이 느껴지면 어떻게 저렇게 밝을 수 있는지 참 궁금했다. 어릴 때의 나는 행복이란 개념을 그렇게 직감적으로 이해했다.

그도 그럴 것이, 나는 시골 외가에서 서너 살 무렵부터 일곱 살 초등학교 입학 전까지 외할아버지, 외할머니와 함께 살았다. 왜냐하면, 먹고살기가 빠듯했던 부모님은 서울에서 맞벌이를 하셨고, 그 탓에 남동생은 서울

친가에, 나는 외가에 맡겨졌기 때문이다. 그때는 다들 그랬다지만, 내겐 큰 아픔이었나 보다. 상담심리 전문가가 되기 위해 교육분석을 오래 받았는데 내겐 그 시절 기억이 거의 없었다.

내가 불러낼 수 있는 어린 시절의 기억은 마루 처마 끝에 서서 하늘의 구름을 보며 "엄마"를 목놓아 부르던 모습이다. 그때 나는 하얀 바탕에 갈색 점이 있는 원피스를 입고 울고 있었다.

그러면 마을 어르신들이 "우리 선미, 또 우나? 엄마가 그렇게 보고 싶나?"라고 달래며 지나가셨다. 인자하신 외할아버지, 외할머니는 나를 잘 보살펴 주셨다. 내가 우는 모습 보이면 속상해하실까 봐 나는 그분들이 밭일하러 가시고 나서야 울곤 했다.

그래서 난 내가 참 눈물이 많은 사람인 줄 알았다. 나는 드라마, 영화를 보다가도, 다른 사람 얘기를 듣다가도 잘 울었다. 하다못해 남의 결혼식에서 신부가 친정 부모에게 인사하는 장면만 봐도 눈물이 차올랐다. 뭔가 설명할 수는 없지만 그들의 마음이 느껴졌다. 그 마음을 알 것 같았다.

20년 이상 상담심리를 공부하면서 깨달은 것이 있다. 내가 눈물이 많은 사람이 아니라 감정적 상처가 많은 사람이라는 점이다. 내 안에 꾹꾹 눌러놓은, 억압되고 억제된 감정들이 관계가 틀어질 때마다 툭툭 튀어나왔다. 전문가 길을 함께 걸어오며 심리적 멘토였던 선생님의 갑작스런 이별톡으로도 그 감정은 올라왔고. 아끼던 후배의 결혼식 이후의 썰렁한 거리 두기에서도 그 감정이 올라왔다.

그런데 이건 내게만 국한된 일은 아니었다. 오랜 상담 현장에서 임상 경험을 쌓으며 이 사실을 더욱 확실하게 알게 됐다. 또한, 일반인뿐만 아니라 상담전문가를 대상으로 집단 워크숍을 꾸준히 진행하면서도 알게 됐다. 사람들은 관계 속에서 만나는 불편한 감정을 어쩔 줄 몰라 했다.

그리고 이런 감정에 논리적으로 접근해서 말로 풀어내는 상담의 한계를 몸소 체험했다. 학문적으로 공부해도 머리로만 이해됐다. 내 삶에 적용하는 일은 일어나지 않았다. 상담의 대가들을 쫓아다니며 교육분석을 받아도, 그동안에만 괜찮은듯했다. 내 삶에는 여전히 심리적 불편감과 고통이 존재했다.

왜 이 불편감은 완전히 해소되지 않는 걸까? 왜 반복될까?

이것이 내가 감정에 집중하게 된 이유다. 내 안의 감정을 직접 만나지 않고는 도무지 끊어낼 수 없는 고통이었다. 또한, 그 감정은 늘 관계 속에서 일어났다. 그런데 이 감정을 만나는 과정은 무척 힘들고 지루하다. 때로는 귀찮기까지 하다. 맨날 울면서 에너지를 다 소진하는 게 쉬운 일이 아니다. 그래서 다들 외면한다. 우리는 삶에서 관계 맺음과 몸이 힘든 신호를 보내야만 그제야 상담실을 찾는다.

나는 대학 총장, 기업의 임원, 변호사, 교수, 회계사 등 이루 다 열거 못할 만큼 많은 내담자를 만나 왔다. 상담하면서 그들이 자신의 깊은 감정을 직면하고 수용하도록 하려면, 얼마나 신뢰를 주는 라포를 형성해야 하는지는 알 수 없는 일이다.

이때 다들 '내가 이런 얘기를 할 줄 몰랐다, 내가 이런 생각과 이런 감정을 가진지 몰랐다'라고 고백한다.

나도 내 감정을 몰랐었던 것처럼 그들도 마찬가지였다. 그래서 나는 상담을 통해 그들과 그 심리적 등반을 함께한다. 누군가에겐 산을 오르는 것 같고, 또 누군가에겐 들어가고 싶지 않은, 어둡고 무서운 동굴의 느낌이기도 하리라.

나는 그 길을 안전하게 함께 갈 수 있는 가이드를 제공할 수 있다. 내가 그 길을, 그 동굴을 지나온 만큼 그들의 고통과 시간을 아껴주고 싶다. 내가 기쁘게 잘할 수 있는 일로 누군가를 고통에서 자유롭게 해줄 수 있다면 얼마나 좋은 일인가. 이런 생각만으로도 가슴이 설렌다.

이는 내가 상담심리 전문가로서 타인들도 내가 느꼈던 감정을 경험하도록 지도하기 때문에 가능한 일이다. 자기 안의 감정을 만날 때 느껴지는 몸의 감각을 활용해서 나는 매일 일반인도 자기 안의 감정을 만나는 경험을 하게 해준다. 이는 내가 너무 찾아왔던 길이고, 가이드로서 자신할 수 있는 일이다.

상담이론이 어떻게 적용돼 한 인간이 자신의 감정적 상처를 만나게 되는지, 그 프로세스를 보여주거나 시연하는 이는 적다. 나는 지금 한국상담심리학회 1급, 한국상담학회 1급 전문가이자 수련 감독자다. 이젠 일반인을 가르치기도 하고, 상담심리 전문가가 되려고 하는 수련생들을 지도하기도 한다.

물론 기업, 유료상담실, 온라인 상담 플랫폼에서 상담 및 수퍼비전을 하기도 한다. 그 외 대학, 법원, 사회단체의 자문위원과 강사로도 활동한다. 나라도 앞장서서 실제적이면서 각 개인에게 도움되는 일을 해나가야 한다고 생각한다. 이젠 이 일을 나의 존재의 의미, 지구별에 온 영혼의 과업으로 여긴다.

이렇게 되기까지 내 나름의 노력도 한몫했다. 나는 중학교 때부터 늘 작은 수첩을 꺼내 두고 사람들 얘기에 내 느낌이나 관찰한 걸 보태서 메모했다. 또한, 수업 시간에 선생님들이 들려주는 경험담 가운데 나중에 내 삶에 도움이 될 것 같은 것들을 마치 '지혜의 서'를 만들기라도 할 것처럼 적어 두기도 했다.

늘 내 안에는 어떻게 하면 행복하게 잘 사는 건지 의문이 있었다. 고등학교 때는 2교시에 도시락을 까먹고, 점심시간에는 도서관에 갔다. 낡은 인문학 고전 책을 읽으며 행복이란 무엇인지 그 해답을 찾으려 애썼다. 지금 생각해 보면, 자유의 정의도 잘 몰랐을 때인데 에리히 프롬의 《자유로부터의 도피》란 책을 머릿속에 저장해 두기도 했다. 옛 성인들의 말씀을 헤아려 보려 했던 것 같다.

경영학 전공으로 대학에 들어가서도 전공 빼고는 온통 심리학, 철학, 인문학 관련 과목들을 수강했다. 호기심이 가득한 내 눈을 본 강사님께서 전문가 모임이 진행되는 주말 워크숍에 초대해 주시기도 했다. 대니얼 골만의 '감정지능'에 대한 국내 컨퍼런스였는데, 이곳에 참여하며 지능에 대한 내 의식이 확장됐다.

이렇게 심리 분야로 진로가 좁혀졌다. 하지만 아무도 바로 그 공부를 하라고 밀어주거나 보태주거나 하진 않았다. 혼자 아르바이트하고 장학금을 받아 대학원 등록금을 준비했다. 나는 잠깐 영어 동화 학원을 운영했었는데, 그때 학부모님들이 나한테 많은 하소연을 하셨다. 그 하소연을 들으면서 '상담을 비전문적으로 하면 안 되겠다, 제대로 배워서 해야겠다'라는 생각이 들었다. 그것이 내가 대학원 진학을 목표한 이유다.

그런데 상담심리사가 되는 데 대학원 진학은 그냥 기본적인 요건일 뿐이었다. 그 외에 따로 돈을 내어서 배우고 익혀야 할 수련과목이 너무 많았다. 나는 2급 상담사 자격증 취득 후 대학 학생생활상담실 전임연구원으로 일하고, 바로 기업상담으로 빠졌다. 이유는 대학교 상담실에 연구원으로 있는 것은 좋았지만, 석사를 졸업하고 받는 급여가 상상을 초월할 정도로 적었기 때문이다. 나는 첫 급여가 통장에 찍힌 것을 보고 내가 잘못 본 줄 알았다.

그래서 돈을 많이 벌면서 공부하고 싶었기에 기업상담으로 지원했다. 그래야 또 계속 공부할 수 있었기 때문이다. 그러다 보니 LG 디스플레이 상담실장, 에듀윌 운영교수, 서울대학교 대학생활문화원 특별상담원 경력도 가지게 됐다.

그동안 인간의 심리적인 내면을 다루는 일을 하다 보니, 오히려 나를 노출하는 게 꺼려졌었다. 왠지 그래야 할 것 같았다.

그렇지만 이젠 내가 누군가를 나와 같은 고통에서 나오는 길로 안내할 수 있다면, 더 많은 이들에게 알려야 한다고 생각한다. 지금까지 나를 만난 많은 이들에게서 감사의 인사를 들었다. 그들의 그 절절한 감사의 내용 속에서 내가 하는 일이 그들에게 치유와 자유를 가져다줬다니 이젠 공개적으로 나서야겠다는 마음이다. 이것이 내 삶의 의미고 가치라 여긴다. 내가 이런 마음을 갖게 되기까지 참 오랜 세월이 걸린 셈이다.

나를 만나는 사람들은 그 어떤 부정적 감정과 생각을 털어놔도 안전하다고 느끼게 될 것이다. 이미 알고 있다. 사람들이 나처럼, 아이처럼 신나게 살고 싶어 한다는 것을. 내 이런 달란트를 가지고 사람들이 자신의 감정적 상처를 안전하고 확실하게 만날 수 있도록 할 것이다. 얼어붙은 그들의 가슴에 봄이 오도록, 일상에서 자유를 만나도록 할 것이다.

불편한 관계 속에는
말하지 못하는 감정이 있다?

나는 한마디로 말하면 지란지교(芝蘭之交)와 같은 상담심리 전문가가 되고 싶다. 지란지교란 지초와 난초처럼 맑고 깨끗하며 두터운 벗 사이의 사귐을 일컫는 말이다. 요즘 같은 현실에서는 찾아보기 힘든 관계일 수도 있겠다. 아래의 글만 봐도 그렇다.

'저녁을 먹고 나면 허물없이 찾아가

차 한 잔을 마시고 말할 수 있는 친구가 있었으면 좋겠다.

…

밤늦도록 공허한 마음도 마음 놓고 열어 보일 수 있고

악의 없이 남의 얘기를 주고받고 나서도

말이 날까 걱정되지 않는 친구가…

…

그가 여성이어도 좋고 남성이어도 좋다.

나보다 나이가 많아도 좋고 동갑이거나 적어도 좋다.

다만 그의 인품이 맑은 강물처럼 조용하고 은근하며, 깊고 신선하며,

예술과 인생을 소중히 여길 만큼 성숙한 사람이면 된다.'

이 글귀는 중학생 때 나의 책받침에 쓰여 있던 유안진의 《지란지교를 꿈꾸며》란 수필집의 일부 내용이다. 책받침 한 면에는 이렇게 수필이나 윤동주의 서시, 칼릴 지브란의 '세상이 그대를 속일지라도'와 같은 시들이 쓰여 있었다. 그리고 책받침을 뒤집으면 그림이 그려져 있었다. 주로 화가가 연필로 스케치하듯 그린, 미소가 예쁜 소녀 얼굴이었다. 그 소녀의 미소 띤 얼굴을 보면서 나도 저렇게 예쁜 미소를 짓고 싶다고도 생각했었다.

지금에 와서 보니, 그때는 학용품마저도 우리에게 참 인문학적인 자질과 감수성을 풍부하게 키워줬다는 생각이 든다. 나와 친구들은 서로의 책받침을 돌려보고 서로 읽어주며 꿈을 키웠으니 말이다.

그렇게 꿈을 꿀 때면, 언제나 나는 혼자보다는 함께 행복했으면 하는 열망이 컸다. 그래서 나만의 〈힐링센터〉를 열고 싶다는 꿈은, 곧 함께 행복할 수 있는 공간을 가졌으면 좋겠다는 의미다. 함께 행복할 수 있는 커다란 공간을 갖는 것이 어릴 때의 내 소망이자 꿈이었으니까 말이다.

늘 가족과 친구들이, 이웃들이 함께 웃고 행복했으면 좋겠다는 마음을 가졌다. 그건 어릴 때부터 시골의 작은 예배당에 다니면서 자연스레 밴 내 삶의 태도였을 수도 있다. 시골에서 살 때 외할아버지는 일상처럼 새벽기도 시간을 알리러 쇠로 된 예배 종을 치러 나가셨다. 그러면 외할머니는

조롱박으로 쌀독에서 푼 성미를 정성껏 작은 면 자루에 담으셨다.

그런 모습을 매일 새벽 보면서, 난 다들 그렇게 사는 줄 알았다. 엄마는 시장에 가시면 돈을 아끼느라 제철 과일이나 채소도 몇천 원어치밖에 안 사셨다. 그러시면서도 찬송가를 크게 틀고 바닥을 기는 장애인 아저씨의 돈 통에는 만 원짜리를 넣으시곤 하셨다. 그 아저씨의 작은 껌 하나도 대가로 챙기지 않으셨다.

그때는 어린 마음에 그 돈으로 나 통닭 좀 사주지, 울 엄마는 참 이상하다며 짜증도 냈었다. 그럴 때면 엄마는 내 작은 손을 꼭 잡곤, "아저씨는 얼마나 춥겠냐"라고 하셨다. 그 순간 나도 '시장바닥 물이 아저씨 몸속으로 들어가면 어쩌나, 집에는 어떻게 가실 수 있나' 걱정하곤 했었다.

그런 엄마가 언젠가 부자가 되고 싶다고 하셨다. 어려운 사람들 실컷 돕고 베풀며 살게 말이다. 나는 그 말뜻을 어렴풋이 알 것 같았다. 살아보니 나도 줄 때, 나눌 때, 해줄 수 있을 때 느끼는 기쁨이 너무나도 컸다. 이젠 이런 기쁨을 좀 더 나의 전문영역과 결부 지어 제대로 나누며 베풀고 싶다.

당신은 지란지교 같은 그런 친구가 있는가? 허물없이 찾아가 마주하고 차 한잔 할 수 있는 사람, 두서없이 말해놓고도 뒷말이 날까 걱정되지 않는 그런 사람이 있는가? 그렇게 시간을 의미 있게 보낼 곳이 있는가?

요즘 세상에 차 한 잔 앞에 놓고 계속 이야기를 나눌 수 있는 대상이 저마다 얼마나 있을까 싶다. 연예인들의 가십이나 남 얘기로 시간을 보내는 데는 한계가 있다. 반면, 대화가 되는 누군가를 만나 얘기를 나누며 오롯이 시간을 보내는 것 자체가 힐링이다.

나는 대학이나 대학원에서 특강을 할 때면 학생들에게 곧잘 물어본다. 마음이 힘들거나 불편할 때는 어떻게 하는지. 그러면 학생들의 "그냥 잔다, 게임 한다, 배달 음식 시켜 먹는다, 유튜브나 영화를 본다"라고 대답한다. 코로나 이전까지만 해도 "친구 만나서 술 마신다, 밤새 수다 떤다"와 같은 얘기들이 나왔는데 요즘은 그렇게 하는 것이 서로 피곤하다고 했다.

안 좋은 얘기를 친구한테 하면, 친구도 한두 번이지 듣고 싶지 않을 거란다. 친구가 들어주면 자기도 친구가 그럴 때 그만큼 시간을 내어야 할 것 같고, 기운 빠지고 결국에는 그러다가 멀어질 것 같다는 거다. 왜냐하면, 자기도 그런 친구가 있으면, 부정적 영향을 자꾸 받는 것 같아서 결국은 손절하곤 했다는 것이다.

이런 얘기를 들으면 참 관계 속에서 더하기 빼기가 확실하다는 생각도 들고, 남한테 민폐 주지 않으려는 깔끔한 경향도 보인다. 어떻게 보면 굉장히 합리적이고 독립적으로 살아가는 듯하다.

그런데 이런 대답을 들을 때, 저렇게 말하는 그들의 관계 속에서의 아픔이 느껴지고 보인다. 힘들어서 기댔을 때 친구가 떠난 경험, 또는 힘든 친구를 기껏 챙겨 줬더니 자기를 감정 쓰레기통으로 여기는 것 같아 화났던 경험. 함께 다 나누자고 했으면서 정작 좋은 것은 숨겼던 친구의 뒤통수 등. 늘 입시라는 문턱에서 경쟁해 왔던 친구 사이라 맘 편히 다 건넬 수 없었던 속내도 보이고, 그러다 보니 또 상처받을까 조심하는구나 싶다.

상담에서 만난 요즘 젊은 친구들은 정말이지 내가 속으로 다 감탄할 만큼 똑똑하고 야무지다. 그런 친구들이 하나같이 하는 얘기는 누구에게도 자신의 마음을 있는 그대로 다 말할 수 없을 것 같다고 했다. 그래서 늘 외롭다고. 자기의 생각과 느낌을 다 말하면 이상한 사람 취급을 하거나 뒷담화를 들을 것 같다고 했다.

그렇게 만나는 모임이 많아도, 나가면 잘 지내는 얘기나 잘 나가는 얘기만 해야 할 것 같다고. 그래서 돌아오는 길은 늘 찜찜하고 괜한 말을 했나 후회가 든다고. "이런 찜찜한 마음도 나누고, 모자란 자신의 후회도 나눌 친구가 필요한데, 그런 사람이 요즘 있을까요?" 하고 오히려 내게 되묻는다.

이런 자기의 생각과 마음을 고스란히 말할 수 있는 대상을 만나기라도 했으면 좋겠다고 했다. 그래서 늘 적당히 말하고 적당히 거리를 두고 산다고 말이다. 그러다 보니 그 적당한 거리를 매번 계산해야 한다고.

이 얘기는 친구라고는 하지만 정서적 친밀감보다 뭔가 다른 것이 있는 것처럼 들린다. 그런 애매한 불편한 관계를 하는 그 속에는 감정이 있다. 뭔가 더 잘 보여야 하고, 친구보다 뒤처지면 안 될 것 같고. 그래서 상담에 오면 다들 자기가 친구들보다 뒤처지거나 못 따라갈까 봐 걱정한다. 잘 나가는 친구가 있으면, 미리 두려워한다. 이런 관계에 있다면 여전히 입시 경쟁의 관계에서 벗어나지 못한 것이 아닐까.

겉으로는 같이 밥도 먹고 놀기도 하지만, 속으로는 여전히 인생과업을 해나갈 때마다 이겨야 한다는 마음이 있으니 편하지 않은 마음. 당신도 친구의 SNS를 보며, 그것에 답변하기 위한 여행을 가고 있지는 않은지, 지금도 좋아하지도 않는 그럴듯한 취미 활동을 찍어 올리고 있다면, 다시 한 번 생각해볼 필요가 있다. 당신이 불편하다고 하는 그 관계에는 당신의 부정적 감정이 있다. 그곳으로의 여행이 필요한 시점이다.

관찰이라는 돋보기로
들여다 보는 감정

나는 한 살 차이 나는 남동생이 있다. 어릴 때, 나는 외가인 시골에 살고 남동생은 부모님과 친가인 서울에 살아서 우리가 처음 만난 건 내가 6살, 동생이 5살 때쯤이다. 사실 정확한 나이는 기억이 안 난다. 내가 초등학교 입학 전 7살에 서울에 왔으니까 그 전에 만났으니 6살이라고 예상하는 거다.

그날도 난 시골에서 아침에 외할아버지가 쇠죽 끓이고 남은 아궁이에 구워주신 옥수수를 먹다가 입술이 덴 날이었다. 외할머니가 특별한 날에 입는 갈색 땡땡이가 있는 하얀 원피스를 입혀주셨다. 머리를 빗겨 주시며, 오늘은 서울에서 친 할매랑 동생이랑 온다며 "선미, 네 동생 기억나나?" 하고 물으셨다. 그리곤 외할머니 손을 잡고 이웃 마을에 있는 어느 잔칫집에 갔었다.

아마도 서로 먼 친인척이 겹사돈이 되어 결혼식을 했던 모양이다. 잔칫

집에서 어른들이 내내 새로운 어른이 오면 "그래서 뭐 서로 어예 불러야 되니껴?"라며 계속 이 말을 반복하셨다.

나는 시골 햇빛에 매일 들로 산으로 놀러 다닌 얼굴이라 구릿빛보다 더 까만 얼굴을 하고 있었다. 그 당시 찍은 얼마 남지 않은 사진을 보면, 웃느라 보이는 치아와 원피스만 하얗다. 난 그래서 사람들이 요즘 나보고 얼굴이 왜 그렇게 하야냐고 물어보면 깜짝깜짝 놀란다. 내 안에는 어릴 때 그 '나는 까맣다'는 생각이 아주 신념처럼 자리 잡고 있기 때문이다.

그 날 남동생은 바가지 머리에 하얀 얼굴을 하고, 반바지에 하얀 스타킹을 신고 있었다. 우린 서로를 쳐다보고 한마디도 안 했다. "누나다", "네 동생이다"라며 양쪽 할머니들이 인사시켜 줬지만 부르지도 않았고, 우린 꼼짝하지 않고 보기만 했다.

'내게 이런 동생이 있다니' 하고 속으론 가슴이 쿵쾅거렸다. 그런데 사투리가 나갈까 봐 한마디도 안 했다. 동생이 친할머니 치마 뒤로 숨으면서 "할머니"라고 했던 말이 평소 내가 쓰던 말이랑 달랐다.

나중에 알았는데 동생은 그 날, 내 까만 피부와 군불에 그을린 파마머리가 너무 무섭기도 하고 신기했단다.

외할머니가 시골장에 가셔서 오래 가는 파마를 하시면서, 나도 처음 시켜준 뽀글이 파마였다. 마이클 잭슨이 어렸을 때 나온 사진의 머리 모양인데, 그 앞부분이 조금 탄 거로 상상하면 된다. 그 동네에선 그래도 나만 했던 멋 내기였다. 그런데 동생에겐 웃기기도 하고 무섭기도 했었나 보다. 나도 동생의 모든 것이, 새하얀 것이 신기하고 충격적이었다. 한동안 세수를 엄청 빡빡 했었다.

그런 충격의 상태에서도 어렸음에도 불구하고, 우린 눈빛으로 서로 안도와 동질감 같은 것을 느꼈던 것 같다. '가족'이라는. 그건 조금만 마음을 기울여보면 알 수 있었다.

별말이 없이 과자를 건네주는 꼬마의 주먹에서도 알 수 있었고, 또 나눠 먹으면서 맛있어서 반달 눈을 하며 웃던 순간에도 느낄 수 있었다. 서울 가는 기차를 타러 간다고 할 때도 알 수 있었다.

그땐 나도 모르게 눈물이 나왔다. 나만 그런 게 아니었다. 헤어질 때, 손을 마구 흔들어 주는데, 동생 눈에도 눈물이 맺힌 것을 나는 봤다. 지금 이 글을 쓰면서 나는 또 그때 동생의 눈을 보듯 눈물이 맺힌다. 5살, 6살 아이들이 가족이라는 이름으로 이렇게 만나고 헤어졌다는 것이 지금 생각해도 안타깝다.

난 그래서 어른들이 '아이들은 어리니까 이별의 슬픔을 모를 거'라는 말과 '과자나 장난감 사주면 된다'라는 식의 대처를 어리석다고 생각한다. 아이들은 온몸으로 다 느끼고 안다.

아마 그때 우린 각자 할머니들과 일상을 심심하게 보내며, 일 나간 엄마의 품을 그리워했으리라. 또래의 동무들과 잘 놀아도 해소되지 않은 외로움이 있었으리라. 아무리 할머니들이 잘 먹여 주셨어도 사랑의 허기는 있었으리라.

어렸지만, 서로의 모습에 충격을 받았지만, 난 아직도 당시의 내 동생 얼굴이며 손가락 모양까지 선명하게 기억난다. 한쪽에 장난감 칼을 차고 와서 만화주인공 흉내를 냈는데, 내가 잘 몰라 주니까 자꾸 그 행동을 반복했다. 지금 생각해 보면, 자기 좀 봐달라는 신호였을 것이다. 뭔가 같이 놀자는 신호였을 텐데 나는 그저 신기하게만 봤었다.

　그 날밤, 난 내게 동생이 있다는 것에 감사했다. 그렇게 뽀얀 아이가 내 동생이란 게 너무 벅차게 좋았다. 그래서 그 동생을 무척 사랑하고 아껴 줘야겠다는 마음이 저절로 들었다.

　이런 남동생에 대한 애정이 우리 엄마는 각별하시다. 본인은 아니라고 하시지만, 난 같이 살면서 너무 많이 목격해서 잘 안다. 엄마가 맛난 것, 특히 동생이 좋아하는 오징어 볶음이랑 고추 튀김, 고등어구이를 한 날은 티가 난다. 우리 집 밥상이 그렇게 크고 넓은 상이 아닌데도, 동생 앞으로 접시의 위치를 바꾸셨다.

　그런 모습을 보면서 나는 아무렇지 않은 척했지만, 사실 속으론 그 순간 서운했다. 그러면서 '아 엄마는 동생을 더 좋아하는구나. 그래서 어렸을 때부터 동생은 서울에 데리고 와서 같이 살고, 나는 시골 외가에 두고 왔구나'라고 생각했다. 그리고 그것은 믿음처럼 확신했다. 엄마는 이런 내 생각의 프로세스를 모르셨기에, 내 확신의 근거들은 일상에서 아주 사소한 지점에서 자주 발견됐다.

　'나도 고추 튀김 좋아하고 고등어구이 엄청 잘 먹는데, 엄마가 힘들까 봐 말 안 한 건데'라고 머릿속으로 말해본다. 하지만 겉으로 말하면 눈물이 날까 봐, 유치하게 동생 시샘하냐고 할까 봐 말 못했다. 한두 번 말해 본 적도 있었다. 그러면 나는 반찬 투정하고 까다롭고 예민하다는 소리를 들었다.

　그러니 그런 모습을 보면, 예전에는 속으로 '어휴 또 시작이다. 굳이 저렇게까지 하지 않아도 되는데…'라고 생각하며 다른 것으로 생트집을 잡듯 괜히 짜증을 냈었다.

지금 내 나이는 마흔일곱 살이다. 엄마의 나이는 일흔이 훨씬 넘었다. 그런데 올해 휴가차 방문한 날에도 어김없이 고추 튀김 접시는 동생에게 가까웠다. 지금이야 내가 내 감정을 아니까 '우리 엄마는 한결같다. 여전 하구나'라고 바라볼 수 있지만, 어린 나이의 나는 이렇게 바라보거나 헤아 릴 수가 없었다.

그때 내겐 '울 엄마는 내 엄마 아니고, 내 동생만의 엄마' 같았다. 나는 아직도 고추 튀김 접시가 움직일 때, 순간 서운함이 올라온다. 그럴 때마 다 괜찮은 척 넘겼던 어린 시절 나의 억누른 그 감정을 만나곤 한다. 이렇 게 우리가 억눌렀던 감정은 어느 특정 순간 그것이 연상될만한 상황만 돼 도 그대로 올라온다. 어김없이. 그래서 속으로 알 수 있다. 내가 뭔가 기분 이 달라진 거 같은 느낌을 스스로 관찰할 수가 있다.

이건 다만 내 삶의 얘기만은 아닐 것이다. 내가 상담에서 만난 내담자들 도, 전문가들도 나처럼 이런 감정을 만나는 사소한 에피소드들이 있었다.

그 이야기 안으로 들어가면 나처럼 동생을 좋아하는 마음도 발견하지 만, 엄마의 편애하는 것 같은 행동에서 받은 상처의 마음도 발견하게 된다.

이건 엄마의 잘못이 아니다. 엄마는 나와 동생을 사랑하신다는 걸 너무 잘 안다. 그렇지만 어렸을 때 내 생각과 마음은 그렇게 여겨지고 생각되 는 순간들이 있었다는 말이다. 이런 감정들을 그때그때 떼 부리듯이 해소 하면 좋았겠지만, 그럴 수 없었기에 나도 모르게 누적돼 간직하게 된 것이 다. 그래서 이렇게 나이가 들어도 그 감정은 때때로 올라오고 나타난다.

감정은 그렇게 관찰된다. 당신 속에서 느껴지는 그 감정은 제일 먼저 당신이 알 수 있다. 몸의 변화를 그대로 느껴보라. 꼭 무슨 감정이라고 이름 붙이지 않아도 그 감정은 몸으로 당신이 느껴주길 바라고 있다. 그것을 내가 '지금 그렇구나' 하고 관찰하는 것만으로도 당신 몸의 작은 변화를 느낄 수 있을 것이다. 지금 바로 해보라.

내가 감정으로 움직이는
동물이라고요?

"당신은 마음이 불편할 때면 주말에 무엇을 하는가?"

이는 내가 스트레스 관련 강의나 전문가 대상으로 하는 워크숍에서 많이 하는 오프닝 질문이다. 지금 이 글을 읽고 있는 당신에게도 물어보고 싶다. 그러니 이 질문에 대한 당신의 대답을 생각해 보길 바란다. 왜냐하면, 나는 이 글을 읽는 동안 당신이 좀 더 자신을 이해하는 시간을 갖길 바라기 때문이다.

내 질문을 받았던 사람들은 대기업의 임직원, 공공기관 종사자, 상담 전문가가 되려는 대학원생 등 다양했다. 그러나 대답은 모두 비슷했다. "그냥 누워있거나 잔다"라고 대답하는 이가 가장 많았다. 그다음으로 하는 건 휴대전화나 게임 하기, 또는 넷플릭스 드라마 정주행이나 영화 보기였다.

구체적으로 더 질문해 들어가면, 멍하니 유튜브를 이것저것 찾아보다 보면, 어느새 밤이 된다고 했다. 아무것도 하기 싫은데 그거라도 하니까 시간이 잘 갔다고 말이다. 그래서 마음이 편해졌냐고 질문하면, 그런 마음도 잠시였다고 했다. 쉬는 듯하지 않게 하루가 다 지나서 저녁 무렵부터는 마음이 더 불편해졌다고 했다. 자신이 하루를 이렇게 비효율적으로 보낸 것을 후회하는 게 더 비참했다고 했다.

다음 날 만난 동료나 동기가 잘 보낸 주말 이야기를 할 때면, 또 어김없이 자기반성의 시간을 갖게 됐다고. 머리로는 비교하면 안 된다는 것도 알고, 이 시간이 또 지나갈 것도 안다. 하지만 저절로 파고드는, '나는 시간을 허비한다, 나는 별로다, 내 인생은 꼬였다'와 같은 생각과 불편한 감정은 피할 길이 없다.

이건 내가 워크숍이나 강의에서 만난 대상들만 겪는 주말 얘기는 아니리라 생각한다.

나 또한, 주 중에 심리적 불편감이 있었을 때의 주말이면, 어김없이 이렇게 시간을 보냈었다. 아니, 주말이 아니어도 집에만 가면 이불 속으로 쏙 들어가 꼼짝도 하지 않고 지낸 시간이 꽤 많았다. 불안감, 우울감, 무기력증이라 이름 붙이기에는, 나는 밖에서 잘 기능하는 직장인이었고, 전문가였다. 그런데 이런 불편감이 처음이라기엔 너무나 자주 반복적으로 일어났다.

당신은 어떤가? 이번 주에만 그런 감정을 경험했는가? 이번 관계에서만 그런 감정을 경험하고 있는가?

아닐 것이다. 당신의 삶 속에서도 대상과 환경만 바뀔 뿐 계속 반복되고 있는 감정이란 걸 알 것이다. 몰랐다면 지금 가만히 떠올려보라. 당신이 당신의 그 감정을 아는 순간이 되길 바란다.

　나는 상담심리사로 일하면서 더욱 이 문제를 해결하고 싶었다. 이렇게 이상하게 반복되는 불편감의 원인을 알고 싶었고, 해소하고 싶었고, 아주 완전히 해결하기를 바랐다. 그래야 다른 분들이 내게 상담하러 왔을 때, 내가 그들에게 전문가로 인식될 수 있으리라 생각했다.

　그래서 전문가로 활동하면서도 수련을 그치지 않았다. 상담심리 분야에 전통이 있는 한국상담심리학회의 1급 전문 자격을 취득하고도 다시 6년이라는 수련 생활을 거쳤다. 상담심리 전문가가 되는 데는 기본적으로 관련 전공 석사 졸업학위와 최소 3년 이상의 수련 경력이 요구된다.

　그런데 석사졸업과 이 수련 활동을 하는 데는 돈과 시간과 정성이 많이 든다. 또한, 1급 자격증 취득을 위해서는 등재후보지 이상의 학회에 논문도 100% 투고해야 하고, 지필과 면접 두 가지의 자격시험도 봐야 한다. 여기에 평균 5년이 소요되는 것 같다.

　이런 이야기를 구체적으로 하는 이유는, 불편한 감정 해소를 위해 내가 상당히 노력해왔다는 것을 알리기 위함이다. 물론 이런 열정 덕분에 전문상담사 1급(한국상담학회)도 덤으로 취득할 수 있었다.

　나는 늘 일반인에게 어떻게 하면 실제적이고 현실 적용이 가능한 상담을 해줄지 고민했다. 또한, 상담사가 되려는 수련생들에게 어떻게 하면 더욱 생생하게 관련 내용을 지도할지 고심했다.

　나처럼 이렇게 현실적이고 실제적인 문제에 먼저 관심을 가진 학자가 있었다. 그는 교류분석(Transactional Analysis) 이론의 창시자 에릭 번(Eric Berne)

이다. 그는 프로이트의 정신분석을 공부하고 10여 년의 연구 끝에 교류분석이라는 상담이론을 제시했다. 그는 자아 상태 모델을 통해 순간순간 변화하는 개인의 자아 상태가 관찰 가능하다고 했다. 자아 상태란 행동 패턴과 직접 연관된, 감정과 사고의 일관된 체계를 말한다.

이를 좀 더 구체적으로 풀어보면, '우리의 행동에는 그것과 직접 연관된 감정이 있으며, 이게 일관성 있는 행동으로 나타난다'라는 뜻이다.

그러면 처음 질문으로 돌아가 보자. '당신은 마음이 불편할 때 주로 어떤 행동을 하는가?'

떠오르는 대로 말해도 좋고, 노트에 써 봐도 좋다. 그 행동에는 어떤 감정이 함께하는가? 유치한 감정이어도 좋고, 부정적인 감정이어도 괜찮다. 감정은 좋고 나쁜 것을 따지는 영역이 아니기 때문이다. 그러니 그저 '내 안에 이런 감정이 있구나' 하고 알아주기만 하면 된다.

그러면 마음이 편할 때 당신이 주로 하는 행동은 무엇인가?

이것 역시 떠오르는 대로 말해도 좋고 글로 적어 봐도 좋다. 유치한 감정이든 아주 사소한 감정이든 있는 그대로 한번 떠올려보자.

나는 마음이 편안할 때면 아침 일찍 저절로 눈이 뜨인다. 그러면 창문을 열고 하늘과 풍경을 보기도 하고, 가족들을 위해 요리하기도 한다. 하고 싶은 것들이 순위를 정해야 할 지경으로 마음속에 떠오르기도 한다. 그냥 혼자 집에서 빈둥대도 불편감을 못 느낄 정도로 좋다.

내가 강의나 교육할 때 질문했던 사람들의 대답도 나와 비슷했다. 마음이 편할 때는 친구를 만나거나, 카페라도 가서 자신만의 시간을 갖는다고 했다. 가족들과 나들이를 의무감 없이 즐겁게 한다고도 했다. 아니면 집에 머물면서 자신이 좋아하는 일을 한다고도 했다.

그것이 똑같이 드라마 정주행, 영화 보기, 유튜브를 보는 것이어도 죄책감이나 불안함이 느껴지지 않는다고 한다. 감정의 상태가 다른 것이다. 이럴 때 어떤 느낌이냐고 이어 질문하면, "편하죠"라며 순간 밝은 표정과 목소리로 대답한다.

참 신기하지 않은가? 강의 시작을 위한 오프닝 질문 시간은 한 5분 정도로 짧다.

그런데 질문에 따른 대답을 하면서 사람들은 다른 감정 상태를 오간다. 부정적인 감정 상태에 따른 행동에 대해 질문하면, 그때의 순간을 떠올리느라 그 감정을 다시 경험한다. 그러면 얼굴이 일그러지기도 하고 말하면서도 불쾌해하거나 분위기가 무겁게 다운되기도 한다.

또한, 그 대답 후 바로 긍정적 감정 상태에 따른 행동에 대해 질문하면, 그 순간을 떠올리며 그때 그 감정을 다시 경험한다. 그럴 땐 미소도 짓고 웃기도 하고, 약간 흥분된 기분이 되기도 한다. 이들은 표정, 목소리, 어조, 말투, 태도 등과 같은 언어적, 비언어적 행동을 통해 고스란히 그 순간의 경험들을 보여준다.

5분도 안 되는 이 시간 동안 사람들에게 내가 관찰한 그들의 표정, 몸짓, 목소리 톤, 어조 등을 세밀하게 묘사해주면 놀란다.

자신들도 이렇게 감정이 생각의 바뀜에 따라 순식간에 달리 느껴질 수도 있는지 몰랐다고 하면서. 그 짧은 순간에 이런 경험을 하면서 그들은 그동안 자신이 부정적 감정 상태에 오래 머물렀던 이유를 깨닫는다.

자신도 모르게 그런 생각, 경험, 감정들에 익숙해져 있었다는 것을 알아차리는 것이다.

이는 당신의 주변 사람들을 봐도 금세 알 수 있다. 자신의 관심사와 상관없으면 시큰둥하게 호응하는 친구를 통해서 말이다. 또한, 대화 중에 자신이 듣고 싶은 말이 나오지 않으면 다른 주제로 넘어가 버리는 동료를 통해서도 알 것이다. 또한, 마주 앉아 있는 게 불편하다는 마음을 휴대전화에 집중하는 모습으로 대신하는 상사를 통해서도 알 것이다. 또한, 자신은 화가 안 났다고 말하는데 이미 목소리가 커진 가족을 통해서도 알 것이다. 나도 그런 것들을 통해 그런 사실을 아프게 깨달았다.

이렇듯 감정은 행동으로 나타난다. 우리의 감정 상태에 따라 우리의 행동은 다르게 나타난다. 감정이 행동으로 나타난다는 걸 우리는 일상에서도 실감한다. 너무나 선명하게 말이다. 다만 우리가 그걸 주의 깊게 인식하지 못할 뿐이다.

당신은 위의 두 가지 질문에 답하면서도 알아차렸을 것이다. 마음이 편할 때 하는 행동과 마음이 불편할 때 하는 당신의 행동이 다르다는 걸 말이다. 그러면 당신은 여기에서 자신을 알 수 있는 하나의 팁을 움켜쥔 셈이다. 즉, 당신이 하는 행동을 액면 그대로 보면 당신의 감정이 어떤 상태인지 알 수 있지 않겠는가? 아무것도 모르고 행동하면서 불편감을 계속 경험하기보다는 그 안에 숨겨진 감정을 헤집어 보라. 그리고 그것을 그대로 그저 마주해보라. 그것만으로도 당신의 불편감은 금세 완화될 것이다.

감정을 솔직하게 드러내는 사람은
미성숙한 사람?

어제 주말에 전문가 대상 집단상담을 이틀간 꼬박 15시간을 진행하고, 회사에 출근해서 바쁜 하루를 보내고 나니, 아무것도 할 수 없었다. 그런 내게 오늘은 뭔가 선물을 주고 싶었다. 퇴근 길었는데, 문득 지하철을 타고 가다 내렸다. 한 정거장만 더 가면 집으로 가는 트랜스 플랫폼인데.

갑자기 집에 가서 밥을 먹는 것이 오히려 더 불편하겠다는 생각이 일었다.

밥이 없으면 내가 들어가서 옷도 못 벗고 해야 한다. 반찬도 없으면 또 무얼 먹나 메뉴 선정을 해야 한다. 그리고 맛이나 간을 장담할 수 없으니까 유튜브에 메뉴명을 친다. 가장 짧은 유튜브 요리 영상을 찾아보면서, 대강 양념이랑 요리 순서를 눈으로 익힌다. 그리고 영상을 따라 음식을 만든다. 만드는 거, 거기까진 그래도 할만하다. 내가 좋아하는 미역국이나 냉이 된장찌개, 콩비지 이런 거 끓여 먹으면 힐링이 되니까.

그런데 이렇게 나 좋아서 하다가도 불평이나 핀잔 섞인 가족의 목소리가 들리면 다 틀어진다. 그렇게 일하고 들어가서 배고파서 요리하는 날은 더욱 민감하게 그 소리가 거슬린다.

내가 잘못 생각했구나. "밖에서 나 좋은 거, 마음 편하게 사 먹으며 쉬다 들어올걸" 하고 말이다. 예전에는 막 말싸움을 하거나 서로 불편감을 드러냈었다.

그런데 그것도 뭔가 '조금만 노력하면 괜찮아지겠지'하는 희망이 있거나, 의욕이 있을 때 하는 행동이다. 그 과정까지 지나도 변화가 없다는 것을 확인하면, 조용해진다. 그게 체념인지, 수용인지 알 수 없을 정도로 애매하게. 그래서 나는 집단상담에서 전문가들이 일상에서 가족관계에서 겪는 심리적 불편감을 그냥 지나치지 않도록 한다. 아주 깊이 심리상담작업을 하는 편이다. 왜냐하면, 가장 가까이에 있는 관계에서 우리들의 감정은 투사되고 자동적 반응으로 나타나기 때문이다.

그러면 전문가란 무엇인가? 언제 어디서든 자기 분야의 전문성이 드러나야 하는 것이 아닌가? 그러면 자기의 가족관계에서 올라오는 그 감정을, 그 순간 볼 수 있고, 만날 수 있어야 하는 것이 아닌가 싶다.

전문가가 자기의 일상 관계에서는 감정을 다 회피하거나 모른척하면서, 어떻게 내담자의 심리 내면의 감정을 공감하며 갈 수 있겠는가?

감정은 바다 같다. 밖에서 보면 잔잔하지만, 그 깊이를 알 수 없고, 파도도 그냥 다 비슷해 보이지만 높이도 강도도 다르다. 또 빛에 따라 바다

색도 달리 보인다. 이런 감정의 다채로움과 깊이를 어떻게 함께 갈 수 있을까 말이다. '심연 속에 위계처럼 층층이 있는 그 감정의 계단을 어떻게 한 계단 한 계단 내려갈 수 있을까?' 의문이 든다. 다들 오해하는 것이 있다. 전문가니까 다 이해하고 다 수용하고 현실에선 그렇게 적용하고 살아야 할 것 같다고 말한다.

그러면 의사는 병에 걸리면 안 되는가? 감기도 걸려선 안 되는가? 되묻고 싶다. 다들 '걸려도 의사라서 의료지식이 있으니까, 더 대처를 잘하겠지'라고 할 것이다.

심리상담 전문가도 그렇다. 똑같이 이 지구란 별에 태어난 사람이니 마음의 고통이 있고, 관계에서의 불편감으로 부정적 감정을 경험한다. 누구나. 어김없이.

그러할 때, 자신의 성숙도의 깊이만큼 딱 그만큼 대처할 수 있다. 혼자서 어려울 땐 다른 전문가에게 자문도 구하면서 그렇게 익어가는 것이다. 그러면서 자기의 더 깊은 내면의 감정을 만나는 거다.

아직 자기가 수용되지 않는 감정에 대해선 일상에서 경험될 것이다. 그러면 감정이 올라오거나 경험됐을 때, 더 자세히 들여다보면 된다. 그 감정은 자기가 이해하고 경험해 나가야 할 감정인 것이다.

전문가도 현재 자기가 아직 어떤 감정에 대해선 경험하고 있을 수 있고, 만나고 있는 과정일 수 있으며, 수용단계에 있을 수 있는 감정들이 있는 것이다. 이는 너무나 자연스럽고 당연하다. 살아있는 한 말이다.

내가 가족의 볼멘소리를 들을 때, 그 순간은 거슬린다고 했지만, 내 안에는 이런 심리 내적 작업과정들이 있다.

"내가 당신의 볼멘소리 덕분에, 내 안에 거부당할까 봐, 두려워 떨고 있는 내면 아이를 만납니다. 내가 당신의 핀잔 섞인 반찬 투정 덕분에, 내 안에 또 무시 받을까 봐, 두려워 떨고 있는 내면 아이를 만납니다. 그 내면 아이가 두려워서 소리가 커진 겁니다. 당신을 무시해서 그런 것이 아닙니다. 그렇게 생각했다면 당신이 오해하고 있는 겁니다. 그 내면 아이가 불안해서 얼굴이 일그러졌습니다. 당신이 싫어서가 아닙니다. 오히려 나의 이런 목소리와 표정에 당신의 내면 아이도 올라왔군요.

당신도 나와 같네요. 당신도 지금 두렵군요. 나는 그런 당신이, 떨고 있는 나처럼 안쓰럽습니다. 가엽고 불쌍해요. 당신도 말 잘 듣는 아이로 자라느라 투정 한 번 부리지 않는 착한 사람이었다고 했죠. 그 착한 아이 밑에 나처럼 눌린 감정이 있었네요. 당신은 그게 자꾸 볼멘소리로 나오나 봅니다. 당신도 그 감정을 그대로 마주하세요, 짜증 나는 일이 있으면 짜증 난다고 당신의 감정을 알아주세요. 그게 꼭 가족들이 함께 알아줬으면 했던 당신의 그 마음도 인정하세요. 괜찮아요. 화가 나는 일이 있으면 그냥 그 화를 만나세요. 괜찮아요. 밖에서 지나치게 참으면서 좋은 사람으로 보이려고 너무 웃지 마세요. 집에 오면 당신도 많이 피곤하죠. 당신도 당신이 원하는 것을 먹고 싶었을 텐데. 제가 저 좋은 것만 했네요.

당신을 챙겨 주지 못해서 미안합니다. 오늘은 저도 너무 힘이 드네요. 오늘 하루 당신도 얼마나 애썼는지 잘 알아요. 그저 당신이 그런 자신을 알아주세요. 당신이 스스로 알아주고 느껴야죠. 제가 아무리 전문가라도 당신의 그 감정은 만나 줄 수가 없답니다. 그저 당신이 인정하고 수용해 주세요. 그럴 수 있을 때 그 순간 우리는 함께 있는 자유를 맛볼 겁니다."

막상 글로 쓰니 나의 내적 작업과정이 길게 보이는데, 사실은 내 속에선 그렇게 긴 시간이 걸리지 않는다.

합정동에 살 때는 아이들이 좋아해서 각시보쌈을 자주 사 먹었다. 저번에도 아이들에게 포장해서 사 줬는데 나는 일하느라 못 먹었다. 그게 오늘 지하철 합정역 문이 열리자 순간 생각났다.

'그래, 먹고 싶으면 나 혼자 사 먹자. 누구 찾고 외롭고 서럽다고 울적해지지 말고, 그냥 내가 나랑 먹자' 하는 마음으로 무작정 내렸다. 역시나 각시보쌈은 사람이 많았고, 저녁엔 1인 정식이 안 된다고 문 앞에 쓰여 있었다.

잠시 고민했다. '그냥 돌아갈까?' 그러다 정식 2인분을 주문해서 먹었다. 남은 1인분과 내가 다 못 먹을 거 같아서 덜어 뒀던 고기까지 함께 포장해서 나왔다. 속이 편했다. 또 아무 말 하지 않고 먹을 수가 있어서 좋았다. 또 누군가의 마음을 헤아리지 않아서 편했다. 보쌈을 제대로 먹는 기분이 들었다.

전문가로 활동하고 계신 선생님들의 집단상담을 진행하면서, 나의 내적 이슈들을 선생님들이 말할 때마다, 나도 그 맘 그곳에 가 있다. '이래서 이렇게 집단으로 만난 것일까?' 생각이 들 정도로 '나인 사람, 내가 되고픈 사람, 내가 부러운 사람, 내가 기대고 싶은 사람' 등 다양한 내가 그들 속에 통해 있었다.

"내 안의 너, 너 안의 나 있다"라는 이 말이 연인들끼리 하는 말인 줄 알았는데. 집단상담에서 이젠 그냥 느껴지니 어쩌면 좋을지 모르겠다. 모두가 나고, 모두가 사랑스럽다.

감정을 드러내는 것이 미성숙한 것이 아니라, 그 감정이 자기감정인 줄 모르고 타인 탓만 하는 게 미성숙한 것이다.

그만큼 자기를 모르는 거니까.

그만큼 자기를 돌보지 않는 거니까.

그만큼 자기를 이해하지 못하는 거니까.

그만큼 자기를 수용하지 않는 거니까.

나이 들수록 자기감정에
솔직해져야 한다

분명히 좀 전에 샤워하면서 떠오른 생각이 있었다. 그 글을 써야겠다고 생각하면서 오늘은 제법 괜찮은 글을 쓸 수 있겠다고 좋아했는데, 또 기억이 안 난다. 생각은 이렇게 순식간에 지나가서 부여잡으려면, 그 이미지라도 떠올려야 한다. 나이가 들어가면서 이런 순간들이 너무 자주다.

다시 떠올려보면, 뭐 이런 거다. 갑자기 나의 할아버지들이 생각났다. 나의 친할아버지와 외할아버지는 모두 돌아가셨다. 그런데 문득, '만약 친할아버지가 돌아가시면서 몇 푼의 돈을 남기시느라고 그렇게 힘들게 살지 않으셨다면' 하고 가정해봤다.

첫 손녀인 내게 한 번이라도 그냥 과자 사 먹으라고 웃으며 용돈을 주셨다면.

명절에도 만 원짜리 세뱃돈(주로 천 원짜리)을 웃으며 주셨다면.

그렇게 매일 돈을 세며 인색하게 살지 않으셨다면.

명절이나 제사에 가면 늘 미간을 찡그리고 약봉지만 내어놓고 자기 얘기만 하지 않으셨다면.

웃으면서 우리 손녀 왔냐고 내가 좋아했던 죠리퐁 과자나 노을빵을 한 번이라도 사주셨다면.

난 친할아버지가 돌아가셨을 때, 생에서의 그 헤어짐이 아쉬워서 눈물을 흘렸을지 모르겠다. 나를 사랑해준 할아버지가 없는 슬픔을 조금이라도 느꼈을지 모르겠다고 생각했다. 사랑은 주는 만큼 받는 거라는 이 말을 나는 장례식에 가면 실감하곤 한다.

내가 눈물을 잘 흘리는 편인데도, 장례식에 가면 이상하리만큼 대상에 따라 내 눈물샘은 마르기도 하고 때론 터져 나오기도 한다.

고등학교 때 읽었던 까뮈의 《이방인》이라는 책에 나오는 주인공 뫼르소가 어머니의 장례식을 치르면서 이런 기분이었을까 싶다. 그는 어떤 눈물이나 감정이 나지 않는 자신의 상태를 장례식을 묘사하는 것으로 건조하게 기술해 나갔고, 그럴 수 있다고 생각했다. 나도 그 마음을 알 것 같다.

나는 친할아버지가 돌아가셨을 때 손님처럼 장례식에 갔었다. 그때 우리 집 가족관계는 그랬다. 영정사진을 보고 절하면서 '할아버지 고생만 하시다가 가시네요. 부디 천국에 가셔서 편히 쉬세요. 그곳에선 돈 모으려고 하지 마시고, 웃으면서 좀 쉬면서 사세요. 부디'하고 이런 '부디'가 여러 번 들어간 속말을 하면서 나왔다.

한참 어린 손녀인 내가 보기에도 친할아버지 인생이 참 안쓰럽게만 느껴졌다.

어렸을 때 외가에서 살다가 국민학교(지금은 초등학교지만) 입학하기 위해 서울에 와서 합류한 대가족에서 내가 쭉 봐온 친할아버지는 그랬다.

친할아버지와 함께 산 세월이 나한테는 더 긴데, 난 추억하거나 떠오르는 기억이 별로 없다. 7살부터 함께 살았고, 내가 결혼해서 아이를 출산하고 그 아이들이 초등학교에 다닐 때도 명절에는 보고 살았는데도 말이다. 그렇게 많은 시간을 명절, 생신, 어버이날, 제삿날이면 친할아버지댁에 모여서 식사도 하고 시간을 보냈다. 그런데 친할아버지와 나눈 대화나 추억의 장면이 내겐 없다는 게 슬프다.

나는 서너 살 무렵부터 시골 외가에서 외할아버지, 외할머니와 7살 때까지 함께 살았다. 그때를 떠올리면 벌써 이렇게 가슴에 뭉클 따뜻한 솜사탕이 옅게 퍼지는 느낌이 밀려온다. 외할아버지는 나만 보면 웃으셨다.

외할아버지는 밖에서는 묵묵하시고, 교회에서도 기도 시간 외에는 별말씀이 없으셨던 분이셨다. 그런데 신기하게 나만 보면 활짝 웃는 얼굴을 하셨다. 외할아버지의 행복한 그 함박웃음은 아직도 기억이 난다. 또 내가 무슨 말이라도 하면, 웃음소리가 나게 웃으시고는 어쩔 땐 눈가에 눈물까지 나는 걸 봤었다.

그 날도 외할머니가 칼국수를 하신 날이었다. 외할머니는 모든 음식을 뚝딱 맛나게 참 잘하셨다.

대청마루에서 칼국수 반죽을 밀면서 나보고 "선미야, 요 밑에 할배 집 알재? 거 가서 선미 할배 델고 온나. 국시 끓이그러. 안 그럼 퍼져서 못 잡순다고. '할배 여여 오소, 국수 퍼짐니더' 해라 알았제?" 하셨다.

나는 그날도 외할아버지를 외할머니가 가르쳐준 대로 아랫집에서 크게 불렀다. 그러면 외할아버지는 방긋 웃으며 나오셔서, 내 손을 꼭 잡고 저녁 먹으러 오신다. 겨울이면 그게 일상이었다.

여름엔 농사지으시고 힘드셔서 집에 계셨는데, 겨울이면 아랫집 사랑방에 가셔서 꼭 나나 할머니가 데리러 가셔야지만 오셨다.

외할아버지는 농사를 지으러 나가실 때나 집에 오셔서도 마당에서 일하시면서도 꼭 은은하게 라디오를 켜 놓으셨다. 그게 외할아버지의 취미였고, 나와 외할아버지는 귀를 쫑긋 세우고 라디오에서 나오는 말, 노래, 광고를 들었다. 내가 그래서 지금도 강의나 워크숍 진행 시 다양한 음악을 인트로로 하나보다.

외할아버지가 김정호의 '하얀 나비'를 많이 들려주셔서인지, 나는 대학생 때 이 오래된 옛날 가수의 노래를 우연히 들으며 혼자 울었다. 갑자기 이 노래를 허밍으로 따라 하셨던 외할아버지가 떠올라서.

외할아버지는 이렇게 수시로 내 삶에서 떠올랐다.

내가 아침을 먹고 나면 계절마다 다른 군것질을 해주셨던 모습. 소죽 끓이다 타고 남은 아궁이 군불에 넣어둔 후식을 껍질까지 잘 까서 먹여주셨다. 감자. 고구마, 밤, 땅콩, 옥수수를 주시며 내가 먹다가 데일까 봐 호호 불어 주시던 모습.

또, 밤에 내가 볼일을 보고 싶어 하면, 마당에 나를 위한 긴급 화장실을 만들어주셨다. 그리고는 내가 무서워할까 봐 별을 보시면서 함께 서 계셨던 나의 외할아버지.

내가 서울로 간다고 엄마를 따라가던 날, 외할아버지는 그 먼 길을 지게 지고 따라오셨다. 그땐 꼬부랑 길을 무섬마을이 보이는 삼거리까지 꼬박 걸음으로 넘어가야 시내로 가는 버스를 탈 수 있었다. 그래야 서울로 가는 기차역에 갈 수 있었다.

엄마랑 내가 걷기도 힘든데, 짐이 무거울까 봐 지게로 들어 주신 거다. 시내로 가는 버스가 들어오는 붕괴 삼거리에서 헤어질 때, 엄마랑 나랑 인사하려 뒤돌아섰을 때, 보고야 말았다.

이마에서 흐르는 땀처럼 눈물을 훔치시던 외할아버지의 그 벌게진 눈을. 외할아버지가 우는 느낌이 들어서 뒤돌아서 보니, 땀과 다르게 줄줄 흐르는 눈물을 소매로 연신 닦고 계셨다.

그리곤 어여 앞에 보고 걸으라고, 내가 넘어질까 봐 막 손사래를 치셨다. 왜 이런 건 이렇게 사진 보듯이 다 기억이 날까. 이걸 쓰고 있는 지금도. 난 가슴이 먹먹하다.

그 사랑이 잔잔히 너무 내 가슴에 새겨있는 것 같다.

난 어렸는데도 그런 외할아버지의 아낌없는 사랑에 대해 부채감이 있었던 모양이다. 적은 돈이 생기면 모았다가 여러 가지 사탕을 사뒀다. 그리곤 방학 때면 시골에 가서 외할아버지께 이건 무슨 맛이 나는지 알려 드릴 생각에 나도 행복했었다.

외할아버지는 농사를 마치고 점심 드시러 들어오실 때, 강에서 물놀이 하는 내게 금방 딴 참외를 던져 주시거나 연두색 풋사과를 던져 주시기도 하셨다. 어느 날은 자두나 복숭아, 오이를 주시기도 하고 매번 새로운 걸 던져 주셨다. 그 마구 던져 준 아낌없는 사랑이 아직도 내 가슴에 고스란히 남아 있다.

이런 걸 기억한다 우리는. 함께하는 시간을 많이 보냈다고 해서 더 기억나는 것도 아니다. 또 더 많은 역할과 예의를 갖춰서 당신을 대한다고 거기에 어떤 의미가 있는 것도 아니다.

사람은 살면서 결국 가슴에 그 사람과 주고받은 사랑의 마음을 남기고 가는 거란 걸 친할아버지도 아셨다면 얼마나 좋았을까. 그럼 나도 살아계실 때나 돌아가셨을 때나 가슴으로 기억하고 떠올렸을 텐데 말이다.

나이 들어갈수록 이런 사랑의 마음을 행동으로 표현하고 사는 거. 사랑을 주는 거. 이것은 아주 사소한 일상에서 시작된다. 또, 돈이 그렇게 들지 않는다. 다만 마음을 쓰는 것이다. 그렇게 사랑의 추억을 하루하루 쌓아가는 거다. 이걸 가족이든 만나는 주변 이웃이든 하는 거다.

이것이 나이 들수록 감정 관리를 해야 할 이유다.

나는 오늘 나의 아들, 딸에게 어떤 엄마로 있는지 갑자기 궁금하지만 묻지 않기로 한다. 지금 내가 이걸 느끼고 알았다면, 지금부터 행동으로 하면 되는 거다. 그렇게 하자. 오늘은.

상대의 감정까지 조정하는
연인을 만났다면?

지난해 우리에게 가스라이팅이라는 단어를 충격적으로 알린 사건이 있었다. 바로 '계곡 살인' 사건이다. 2022년 8월 26일 자 〈한겨레신문〉에 이승욱 기자는 "'계곡 살인' 공판서 '가스라이팅 살인죄' 놓고 치열한 설전"이라는 제목의 기사를 썼다. 그 내용은 다음과 같다.

"이수정 교수는 '(수영을 못하는 윤 씨가 계곡으로 뛰어든 과정에) 강요된 흔적이 있다면, (윤 씨가) 정서적 학대에 놓여 있었다고 볼 수 있으며, 강요된 행위가 일정 기간 지속됐다면, 가스라이팅 상태에 해당한다고 볼 수 있다'라며 '영국의 (유사 사건에서) 살인으로 (유죄를) 선고한 판례가 있다'라고 밝혔다. 이지연 교수는 '(윤 씨가 이은해를) 너무 좋아했다. (이은해를 위해 윤 씨가) 최선을 다하려 했고, 그 과정에서 점점 더 소진되고 심리적으로 탈진한 상태였던 것 같다'라고 말했다."

이 뉴스를 보고 다들 적잖이 놀랐을 것이다. 누군가를 너무 좋아하면 이럴 수 있는 걸까? 한 번씩 주변 사람들과 이런 의문을 얘기해봤을 것이다. 나도 스토킹 뉴스, 그루밍 뉴스를 처음 접했을 때처럼 놀랐다. 피해자가 대기업에 다니는 사람이라는 것과 나이도 20대처럼 어리지 않다는 점이 나를 또 한 번 더 놀라게 했다. 내겐 좋아하는 연인에게 그렇게 맹목적으로 마음을 주다 쓰러져간 그 마음이 어땠을까, 생각하게 했던 사건이기도 하다.

이 뉴스 때문일까? 최근 20~30대 분들이 이성 관계 문제로 상담실을 많이 찾고 있다. 내담자들은 주로 "제가 가스라이팅을 당했던 건 아닐까요? 잘 헤어진 걸까요?"라고 호소한다. 공통점은 다들 이성과 헤어지고 나서야 상담실에 온다는 것이다. 이들은 내게 그 과정을 이렇게 토로한다.

너무 답답해서 네이버 블로그, 카페를 검색해보니 자신의 연애 경험이 가스라이팅의 한 예로 적혀있었다고. 또한, 너무 속상해서 유튜브를 찾아보니 옛 연인과 같은 스타일의 사람을 멀리하든지 피하라고 했단다. 인정하고 싶지 않은데 상대방이 그동안 자신에게 했던 행동들이 가스라이팅의 특징과 같았다고 하면서. 그래서 연애가, 아니 이전 연애 상대가 자신을 가스라이팅한 건지 명확하게 제대로 알고 싶다고 말이다.

위의 말들은 이별로 인한 화와 슬픔에 대한 자신의 감정을 누구와도 나눌 수 없는 답답함에서 비롯된 다른 표현이기도 하다.

가족이나 친구들에게 솔직하게 말하면, 상대방이 욕은 시원하게 해주겠지만, 거기엔 뒤끝이 따른다. '근데 너는 뭐가 모자라서 그런 사람을 만났어?'라는 찝찝함을 남기는 것이다.

그런 감정이 남지 않더라도, 그들은 무조건 내 편만 들어주는 사람들의 말도 믿을 수 없다고 했다. 그들은 자기 얼굴에 침 뱉는 내용의 말을 누구에게라도 좀 속 편히 하고, 따져 보고 싶다고 말한다.

이는 헤어지고도 헤어진 이유를 잘 모를 때 하는 말이기도 하다. 그들은 자신의 말을 잘 들어보고 상담사가 시시비비를 꼭 집어 가려주면 좋겠다고 했다.

그들은 한결같이 이렇게 말했다. 처음엔 무척 좋아했고, 정말 사랑했었다고. 너무 이상적인 사람이었다고. 그래서 어떻게든 자신을 상대에게 맞추려 노력했다고 말이다. 그러고는 감정이 북받쳐 눈물을 흘리며 한동안 말을 잇지 못했다. 잠도 잘 못 잔다고 했다.

내가 아끼는 후배 J 얘기를 해야겠다. 그는 입사한 회사에서 이상형의 사람을 만났다. 첫눈에 그 사람이 자신이 꿈꾸던 단편소설 〈소나기〉의 소녀와 같았다고 했다. 아직도 내 귀에는 막걸리를 마시며 소리 높여 울부짖던 그 녀석의 목소리가 들리는 듯하다. J는 처음 그녀를 만난 순간, 심장이 너무 쿵쾅거렸다고 한다. 그 소리가 그녀에게 들릴까 봐 그녀가 앉아 있는 자리를 돌아 화장실에 갔다고 했다.

J는 한겨울에 그녀와 헤어지고 와서 눈물을 보였었다. 그러면서 선배가 말해보라 했다. 내가 이상한지, 그 애가 이상한지. "난 그 애를 만나면서 이것저것 참 많이 포기하고 그 애에게 맞춰 줬는데, 왜 내가 이런 이별을 경험해야 하는지 모르겠다"라면서.

그러면서 자신이 얼마나 그녀 중심의 삶을 성실히 살아왔는지, 궁금하지도 않은데 내게 얘기해주는 것이었다. 너무 좋아했기에 그녀가 하는 말은 다 귀담아들으려 노력했단다. 하기야 후배는 함께하는 모임에서도 그 연인에게 전화가 오면 바로 달려갔다. 가끔 중요한 회사의 회식 자리가 있어도 거기에 여성 팀원이 있으면 1차 식사 자리만 마치고 바로 귀가했다고 한다.

또한, 그녀에게 하루 일정을 빼놓지 않고 보고했고, 그 일정 중 그녀가 마음에 들어 하지 않는 대상은 웬만하면 만나지 않았다고 했다. 안 그러면 그녀가 삐지는 수준을 넘어 폭발하기 때문이었다. 기분이 나쁠 때면 그녀는 서운하다며 이성을 잃고 포효하기 일쑤였다. 그래서 그는 무엇을 잘못했는지도 모른 채 그녀에게 사과하기 바빴다고 했다.

그럴 때 무심코 나오는 "내가 잘못했어"란 말도 잘못하면 밤새 볶이는 빌미가 됐다. 그녀는 "뭘 잘못했는지도 모르면서 그런 말 하지 말라고!"라고 혼내는 것으로 고문을 끝냈다고 했다.

그러다 보니 그녀에게 사소한 일상에 대해 말하는 것도 조심스러워졌단다. 그런 갈등을 피하고 싶어 조심히 말하다 그녀에게 잘못 걸리면 거짓말하는 사람으로 치부됐기 때문이다. 그 문제는 항상 J의 어떤 합리적 말도 수용되거나 용서될 수 없는 상황으로 발전했다고 한다.

그녀의 말을 들어보면 언제나 그녀가 옳은 것처럼 느껴졌다고 한다. 그래서 '내가 더 잘해야지'라고 했는데, 갈수록 자신이 심하게 통제받는 느낌이 들었다고 했다. 그러다 '이건 아닌데' 하는 지점에 다다랐단다.

가족관계에 대해 '이렇게 해라, 저렇게 해라'라는 말과 어버이날에 부모님 집에 가지 않는 게 좋겠다는 그녀의 의견은 좀처럼 수긍하기 어려웠다고 한다. 그래도 싸우는 게 더 싫고 피곤하니까 그녀의 말을 들어줬는데, 그녀는 점점 더 서운한 감정을 앞세우고 더 자주 폭발했다고 한다. 그러다 툭하면 헤어지자고 하다가 정말 이렇게 헤어졌다고 했다. 후배는 내게 너무 억울하다고 호소했다.

후배도 그렇고, 이런 경험이 있는 또 다른 사람에게도 말해주고 싶다. 먼저 사랑하느라고, 좋아하느라고, 참 애 많이 썼다는 위로를 전하고 싶다. 이런 당신의 마음을 몰라주는 상대방한테 화도 났었겠다.

그런데 아프겠지만 당신이 들어야 할 말이 있다. 후배한테도 했던 말이다. "그녀가 정말 네가 자기의 감정에 맞춰 줬다고 생각할까?" 오히려 그녀는 자신이 후배를 많이 봐줬다고 말할 확률이 더 높다.

우리에겐 저마다 자신의 욕구를 중시하는 자기 중심성이 있다. 또 자기 입장에서 생각한다.

당신이 연인의 감정에 다 맞춰 줬다면, 당신은 분명 자신의 감정은 무시했을 것이다. 당신이 상대방의 기분이 오늘 상했는지 괜찮은지, 그 사람의 감정만 살피고 있다면, 그 안에 똬리를 틀고 있는 당신의 욕구를 먼저 살펴보라.

자신의 마음속을 솔직하게 들여다봐라. 야단맞고 싶지 않고 그저 예쁨 받고 싶어 하는 어린아이가 있지는 않은지. 아니면 당신이 좋은 사람, 착한 사람이란 걸 상대방에게 그렇게라도 증명하고 싶었던 건 아닌지 말이다.

상대방의 감정에 맞추려 하는 건, 내 안에 어떤 마음이 있어서일까. 내가 맞춰 주면 상대방이 나를 알아주겠지, 더 좋아해 주겠지, 나 같은 사람 없다고 여기겠지, 이런 마음은 아닌가.

지금 이 글을 읽으면서 자신의 이성 관계에 대해 생각해보는 분들이 있을 것이다. 그분들에겐 이 글을 읽는 게 좋은 시간이 되리라 믿는다. 때때로 당신에겐 이런 시간이 필요하다고 생각한다.

연애를 잘하려면 먼저 혼자 잘 지낼 수 있어야 한다. 혼자 잘 놀고, 혼자 자기감정도 느낄 수 있고, 자신이 어떤 기분인지 스스로 알아줄 수 있어야 한다. 그래야 상대방에게도 말할 수 있고, 또는 상대방의 상태를 이해할 수 있기 때문이다.

이런 사람이 연애도 잘하고 함께 지내는 것도 잘한다. 아니 잘할 수밖에 없다. 자신만의 생각이 있고, 이것을 느낌으로 표현하고, 그래서 어떻게 행동하는지를 아는 사람을 누가 싫어할 수 있을까?

다들 이를 숨기거나, 모르거나, 있는 그대로 말하지 않고 돌려 말하는데서 관계의 문제가 발생한다. 그런데 이렇게 진솔하게 자기를 느끼고 표현하는 사람과는 대화가 된다. 어떤 사람과 살고 싶냐고 물어보면 다들 "나랑 대화가 잘 통하는 사람"이라고 말한다.

그러려면 당신이 먼저 그런 자기와의 대화가 잘 통하는 사람이어야 한다.

2장

누가 나의 감정 버튼을 꾹 누르는가?

앞서가는 사람이 감정에
유독 신경 쓰는 이유

심심해서 노트북에 써둔 '책'이라는 한글 파일을 열었다. 언젠가는 책을 쓸 결심으로 틈틈이 메모 적듯 일기처럼 써둔 거다. 파일 저장명은 '빡빡빡'이라고 해뒀다. 가끔 하나씩 꺼내 읽으면 재미있다. 뭔가 나의 엉뚱함을 발견할 수 있는 저장소 같다.

2022년 12월 26일 자 메모를 클릭해 열어 봤더니, A4용지 중간쯤에 이렇게 쓰여 있다.

"날씨가 무척 춥다. 그런데도 헤이리 카페에서는 등 뒤로 가득 들어오는 햇살에 엉덩이랑 발뒤꿈치가 뜨거워진다. 초등시절 햇빛에 돋보기를 비춰 종이에 불을 붙이며 신기해했던 장면이 떠오른다. 내 발이 지금 종이가 된 듯 간지럽다.

진짜 내가 원하는 삶은 이렇게 연차 내고 누리는 하루 일상처럼 사는 거다. 딸아이 아침 따뜻하게 준비해서 빨리하라고, 지금 몇 신 줄 아느냐고, 소리치지 않고, 스트레스 없이 학교까지 데려다주는 거.

그러고는 좋아하는 창밖 풍경이 보이는 헤이리 카페에 앉아 이러고 있는 거. 공부도 하고 책도 읽고 산책도 하고. 그러다가 문득 생각나는 누가 있으면 바로 전화하거나, 마음 내키면 만나기도 하는 그런 자유로움이 있는 시간.

부자가 되면 내가 원하는 시간에, 원하는 공간에서 만나고 싶은 사람을 만날 수 있겠지. 그런 선택의 자유가 가능한 삶, 너무 누리고 싶다."

그러면서 어떻게 부자가 될지 그 방법들과 매년 얼마나 수입이 늘었으면 좋겠는지, 버킷리스트처럼 써 놓았다. 참, 간절했었나 보다. 그런 메모가 여러 파일에서 보인다. 뭔가 먼저 경제적으로 풍요로워야 시간의 자유를 누릴 수 있다고 생각한 것 같다.

이런 선택의 자유를 이야기하다 보니까, 바로 떠오르는 기억이 있다. 나는 대기업에서 상담실 실장으로, 대학 상담센터에서 선임연구원으로 10년 이상 근무하면서, 늘 내 안에 똬리를 틀고 있는 딜레마를 봤다.

대학원 수련생일 때는 대학원 수업과 실습 이외에 무엇을 더 배우거나 놀고 싶기도 했다. 그러나 늘 어마어마하게 들어가는 그 돈 때문에 포기해야 한다고 생각했다.

그런데 안정적인 급여생활자로 10년 이상 조직생활을 하다 보니까, 사용할 수 있는 연차 수와 통장 잔고는 해마다 늘어가는데 시간이 없어 뭘 못 하겠다고 생각하는 나를 발견했다.

그 사용 가능 연차에는 늘 무언가 고려해야 할 사항들이 많았다. 아이들 양육과 관련해서 소소하게 반차라도 써서 참여해야 할 행사들은 계속 있었다.

예를 들어, 아이가 어렸을 때는 어린이집 작은 행사 참여, 고등학생 때는 담임선생님 면담 일정까지, 연차를 써야 평일에 시간을 낼 수 있었다. 또한, 휴가도 가족들 일정을 고려해 잡고, 양가 부모님 생신까지 챙기자면, 오롯한 나 혼자만의 시간이 별로 없었다.

새해 달력을 받으면 제일 먼저 올해는 덤으로 있는 빨간 날이 며칠인지 상담 선생님들과 체크하며 웃었었다. 또한, 회사 창립기념일이 평일인지를 확인하고 안심하면서도 그랬다.

기업 안에서 임직원 정신 건강의 한 측면을 담당하며 스트레스 관리를 해줄 때도 마찬가지였다. 아무리 자기 일을 좋아하고 거기에서 보람을 맛보며 사는 전문가 집단이더라도 똑같은 직장인일 뿐이다.

나는 함께 일하는 동료들과 곧잘 "이제는 딱, 주 3일만 일하고, 나머지 날엔 나 하고 싶은 거 하면서 쉬고 싶다"라고 말하곤 했다. 그러면 동료가 무엇을 가장 하고 싶냐고 물었다. 그럼 나는 "그냥 아무 생각 없이 일단 쉬다가 마음 내킬 때 훌쩍 여행 가고 싶어. 돈 생각 안 하고"라고 답했다.

이것저것 생각 안 하고 오로지 나 자신만 생각하면서 내가 무엇을 하고 싶은지, 어디로 가고 싶은지, 어떻게 있고 싶은지에만 집중하고 싶다. 돈 생각 안 하고 말이다.

그래서 회사를 나왔다.

나의 퇴사 얘기는 남자들 군대 얘기와 같은 것 같다. 남이 들으면 '그랬구나' 하고 한 줄로 요약될 말이다. 그러나 정작 당사자는 얼마나 구체적인 에피소드에 그 순간의 자기감정과 생각까지 세세하게 엮어 말하는가.

나도 나의 퇴사 얘기를 일일이 말로 다 설명하자면 그렇게 길 수 있으리라. 아니, 그렇게 길게 말해야 속이 좀 후련할 것 같다. 10년 이상 일한 직장을 그만둔다는 게 그렇게 쉬운 결정만은 아니었다. 내가 원하면 모른 척하고 계속 있을 수도 있었겠지만, 이번이 기회라고 생각하며 과감히 떨치고 나왔다. 그대로 눌러앉아 있으면 영원히 월급쟁이 인생에서 벗어날 수 없을 것만 같았다.

그래서 용기를 냈다. 주변에서는 왜 그런 곳을 나와? 누군가는 너무 갖고 싶은 소속이고 보수인데, 현실적으로 좀 생각하라는 소리도 들었었다. 후회하지 않겠냐고 말이다.

그렇지만, 난 별로 걱정하지 않았다. 내게는 여러 선택지가 있다고 생각했으니까. 최악의 보루도 생각해뒀었다. 이도 저도 안 되면 시골에 가서 소박하게 살리라. 그것도 좋은 선택지라고 생각한 나였기에 거칠 것이 없었다.

나는 나름 1급에 해당하는 상담전문가 자격이 2개나 있었다. 그러니 유료상담소에서 일반인 개인 상담을 해주며 돈을 벌 수도 있고, 상담전문가가 되려는 대학원 수련생들을 지도, 감독하는 일로도 돈을 벌 수 있다. 아예 상담소를 개소해서 센터장이 될 수도 있다.

또한, 기업의 상담실장으로 있으면서 상담 선생님들이 진행하는 다양한 사례, 슈퍼비전과 위기사례 대응도 함께 지도했던 사람 아닌가. 사원, 대리, 과장, 차장, 팀장, 상무, 전무까지 다양한 직급의 직원과 임원들을 상대로 상담 및 교육, 집단 워크숍, 대강당 강의까지, 업무를 잘 해내지 않았던가.

나는 어떤 내담자를 만나도 상담해줄 수 있다는 자신감이 있었다. 그리고 무엇보다 더 나이 들기 전에 내가 원하는 삶의 방식으로 살면서 일하고 싶었다. 전문가가 되려고 11년이나 공부하고도, 더 수련 생활을 했던 이유는, 내 삶도 일도 자유롭게 하고 싶었기 때문이다.

매달 급여를 받기 위해 일하는 직장인으로 사는 거 말고, 내가 원할 때 나의 컨디션을 고려해 일하는 삶, 내가 내게 매기는 가치에 합당한 보수를 받는 삶을 살고 싶었다. 한마디로 놀듯이 일하며 살고 싶었던 셈이다.

선배나 동기들은 자신만의 상담센터를 열고 자리를 잡아 가고 있었다. 그런데 그것도 1인 자영업자 사장님으로서 행정에 상담까지 병행하느라 만만치 않아 보였다. 광고와 홍보, 마케팅까지 고민하면서 상담실을 지켜 내고자 애쓰는 그들은 이미 사업가였다. 아직 철이 안 들었는지, 너무 이상적인지 나는 그런 생각들을 좀 안 하고 싶었다. 좀 재미난 거, 신나는 거, 느끼면서 사는 거, 그런 나만의 시간, 나만의 스타일을 갖고자 했다.

나는 서울대학교에 대학생활문화원의 특별상담원으로 하루 나가고, 이틀은 유료 상담센터에 나갔다. 그렇게 3일만 일하고도 기업에서 주 5일 일하는 것만큼 돈을 벌었다. 상담의 효과를 경험한 사람들은 가족과 지인을 줄줄이 소개했고, 초대받아 간 강의에서도 여유가 느껴졌는지 내게 러브콜이 이어졌다. 결국, 나는 내가 원한 대로 재미나게 강의하고, 진지하게 상담하며 오롯한 나만의 시간을 조금씩 갖고 있다.

이렇게 나도 나이가 들고 전문성이 더해지면서, 사회에서 소위 성공한

앞서간 사람들을 많이 상담하게 됐다. 변호사, 교수, 사장, 총장 등 그들의 직업은 다양했지만, 경제적 여유가 있는 그분들은 상담에 대해 열려 있다는 것을 알 수 있었다.

오히려 빨리 상담을 받고 심리적 고통에서 나와 자신의 일상을 회복하는 것을 너무 당연시 여겼다. 상담 시간을 내기 위해 바쁜 해외 일정에서도 화상 상담을 요청해 진행하셨다.

그렇게 사시는 분들을 보며 배운 게 있다.

시간을 아끼기 위해 돈을 써야 할 곳에 썼으며, 전문성에 대한 존중이 있었다. 나이가 나보다 훨씬 많으신 분이 내게 "선생님, 선생님" 하시면서 배우시는 모습에서 존경심도 저절로 생겼다.

또 그분들은 자신의 불편한 감정에도 집중했지만, 자녀들의 감정 관리를 위한 심리상담도 필수로 받게 하셨다. 재산은 물려주지 않아도 자식이 자기의 생각, 느낌, 행동의 주인으로 삶을 살아가길 바란다고 하셨다. 그래서 이렇게 깊이 있는 대화의 시간을 가질 필요가 있다고 하셨다.

내가 만났던 성공한 사람들은 감정을 대하는 태도도 진지하고 세심했다. 자기가 더 어린 나이에 이런 심리적인 것을 알았더라면 인생을 좀 더 즐길 수 있었을 거라며, 자녀에겐 그런 세상을 경험하도록 자기감정을 들여다보는 시간을 선물로 주는 거다.

부모의 잔소리로 하는 것이 아니라 더 깊이 자녀가 자기의 감정을 마주할 수 있도록 격려하고 지지했다. '모든 것은 자기 안에 있다'는 원리를 아시기에 본인뿐 아니라 자녀도 내면에 집중하게 하는 것으로 보였다.

이젠 나도 이런 내 일을 세계로, 지방으로 여행 다니며 하고 싶다는 소망이 생겼다. 코로나 이후로 화상 상담과 화상 강의가 대중화돼 그것도 가능하리라 싶다. 앞으로 갈 크루즈여행에서도, 또 캠핑카를 타고 우리나라 곳곳을 다니면서도, 나는 깊이 있는 상담을 하고, 재미난 워크숍을 진행할 것이다. 이런 나의 모습이 타인에게 도전과 힐링이 된다면 더할 나위 없이 좋겠다.

사랑이 오늘도 당신을
힘들게 한다면

　내가 상담을 하다 보니 사랑이란 주제에 관련하여 내담자분들이 호소하는 주제는 크게 두 가지로 나뉜다.

　먼저 첫 번째는 내가 사랑하는 사람을 어떻게 내 사람으로 만들지에 관한 것이다. 호감을 사기 위해 자기를 어떻게 어필할지, 고백을 어떻게 하면 받아 줄지에 관한 걱정과 고민을 말씀하신다. 그런데 이 얘기를 바로 말하기보다는 "저는 자존감이 낮은 것 같아요, 저는 용기가 부족한 것 같아요, 저는 너무 소극적이에요"라고 자기의 태도가 변화되면 좋겠다는 식으로 말씀하신다.

　그러니까 고백이나 호감을 사기 위해서 자기가 변화하고 싶다는 어쩌면 자기 안의 잠재된 능력에 대해 전문가와 함께 발견해 나가고 싶은 것처럼 보인다.

　두 번째는 자기는 아직 사랑하는데 갑자기 이별 통보를 받거나 헤어지게 됐을 때다. 그 감당 못 할 감정을 어떻게 소화할지 몰라 방문한다. 너무 힘드니까. 내가 대학과 기업의 상담실에서 경험해보니, 후자의 감당 못할 감정으로 자기의 일상이 망가지는 사례를 너무 많이 봤다. 3개월간 식음을 전폐하고 술만 마셨던 청년도 있었고, 학업이나 업무에 집중하지 못해서 어려움을 겪는 분, 잠이 오지 않아서 불면증으로 약물치료를 하시는 분 등. 그 증상은 다양했다.

그 사례들의 공통된 특성을 기반으로 상담실 안에서 어떤 식으로 대화가 이루어졌는지에 대해 재구성한 사례를 하나 제시하고자 한다. 사귀던 남자친구에게 갑작스러운 이별 통보를 받고, 상담실을 찾은 어떤 20대 여성분의 얘기를 상담 대화로 써 봤다.

그대로(상담자) : 상담을 통해 기대하는 것이 무엇인가요?

그녀 : 제가 마음이 편해지면 좋겠어요.

그대로(상담자) : 마음이 편해지면 지금과 어떤 게 다를까요?

그녀 : 그냥 제 일에 집중하고 제가 원하는 거 하겠죠. 그 인간 생각 안하고. 친구들 만나는 거 좋아하니까 만나거나, 암튼 제가 원하는 것을하고 있을 것 같아요. 지금은 틈만 나면 생각나고 아침에 눈 뜨면 생각나고, 정말이지 누구한테 말도 못 하고 미칠 것 같아요.

그대로(상담자) : 에고, 지금은 마음이 불편해서 어떤 증상이나 행동 상태에 계시는데요?

그녀 : 지금 저는 그 인간을 생각하면 화가 나고, 일할 수가 없어요. 그런데 더 화가 나는 건 제가 자꾸 인터넷으로 그 인간의 온라인 흔적

을 찾아다니면서 체크하고 있다는 거예요. 어떻게 지내나 보고 있어요. 그것도 제 계정은 차단돼서 다른 계정을 따로 만들어서 이러고 있는 제가 한심해요. 근데 그러고 있어요. 그러고 있는 저 자신이 너무 싫어요. 그런데 계속 그러고 있어요. 못 끊겠어요.

그대로(상담자) : 네 그렇군요. 당신이 원하는 것을 하고 계실 거군요. 당신이 그를 생각하느라 아무것도 못 하는 것이 아니라, 일하거나 친구들을 만나면서 당신이 원하는 것을 하고 계실 거군요. 좋아요. 그럼 먼저 그 사람에 대해 아직도 궁금한 마음이 있다는 것을 먼저 인정해주는 것은 어떨까요?

그녀 : 아, 싫어요. 걔는 쓰레기예요. 친구들도 다 빨리 끊어 버리라고 했고, 제 생각도 그래요. (그 인간이 얼마나 나쁘고 쓰레기 짓을 했는지에 대한 긴 설명을 내담자는 했으나, 중략) 근데 이런 문제를 상담하러 오는 사람도 있나요? 제가 너무 찌질한 거 같아서요.

그대로(상담자) : 그에 대해 궁금한 마음을 인정해주면 어떤 일이 일어날까 봐 두려운가요?

그녀 : 제가 걔를 못 잊고 또 찾아갈까 봐서요. 사실 진짜로는 궁금하거든요. 지금 뭐 하고 있는지? 다른 여자 만나는 건 아닌지 자꾸 생각나요. 그런데 제가 지금도 이런 생각들로 정신을 못 차리고 있는 게 너무 한심하고 그 인간을 또 만날까 봐 두려워요.

그대로(상담자) :그래요 다시 만날까 두렵군요. 그런데 자꾸 생각나고 궁금하군요. 지금 저와 그 두려운 마음들 하나씩 만나보기로 해요. 괜찮아요. 제가 함께 있을 테니 그저 마음속으로 '내 감정을 있는 그대로 느끼겠다'고 지금 허용하고 허락하세요. 어디에서 몸의 반응이 있나요?

그녀 : 가슴이 답답해요. 뭐가 꽉 차 있는 것처럼 지금 확 차올랐어요. 이상해요.

그대로(상담자) : 네, 그 답답함을 그저 그대로 봐주세요. 그렇게 답답하군요. 아무 판단 없이 평가 없이, 마음속에 의식과 의도를 가지고, 그저 가슴의 그 답답함을 올라온 그대로 그냥 마음속으로 보기만 하세요. 뭐 떠오르거나 하고 싶은 말이 있으시면 올라오는 대로 해보세요.

그녀 : 저는 정말 순수하게 그를 좋아했어요. (눈물을 흘리며) 처음엔 잘해주다가 연락이 뜸해질 때, 그가 떠날까 봐 불안해서 집착했었어요. 그것 때문에 그가 떠난 건 아닌지 예전에도 이런 경험들이 있어서 겁이 났어요. 그도 빨리 떠날까 봐.

그대로(상담자) : 그랬군요. 그런 경험이 있어서 더 겁이 났군요. 그 겁이 난 마음도 지금 그대로 허용해주세요. 그가 떠날까 봐 불안했었군요. 예전 떠난 경험들도 떠올라서 더욱 그랬군요. 그 겁이 난 마음도 그대로 봐주세요. 괜찮아요. 그저 함께 있어 주기만 하면 돼요.

그녀 : 네. (울음) 나는 점점 더 걔가 좋아졌어요. 더 잘해주고 싶고 더 함께하고 싶었는데, 걔는 예전과 달라지는 모습을 보이니까요, 나만 좋아하는 것 같아서.

그대로(상담자) : 그래요. 나만 좋아하고 그는 마음이 다른 것 같아서 그것을 보는 것이 두려웠군요. 지금 어떤 마음이세요?

그녀 : 아, (그냥 흘렸던 눈물에서 소리 내 울며) 모르겠어요. 무슨 맘인지.

그대로(상담자) : 네, 그럼 지금 몸의 반응에 대해 말씀해 주시겠어요?

그녀 : 답답했던 거, 뭔가 여기 차올랐던 거는 풀어지고 가슴 밑에 여기가 (명치 부분을 가리키며) 콕콕 아파요. 슬퍼요. 그가 나를 떠날까 봐 무서웠어요. 나만 좋아하는 게 슬펐어요. 다들 떠났어요. 내가 좋아하면. 나만 더 좋아하고. 나만 남겨지고.

사실 그녀는 화가 난 게 아니라 자꾸만 버려지는 것 같아 두려웠다. 아니 슬펐다. 그것을 그대로 인정하고 받아들이기 너무 무섭고 아팠다.

그런데 연애하다 보면 꼭 내가 원하지 않는 순간에 이렇게 이별을 맞게된다. 그녀처럼. 그녀처럼 헤어지고 싶지 않고, 어떻게든 다시 이어보고 싶은 그 마음은 자연스러운 것이다.

이 자연스러운 감정들을 먼저 있는 그대로 그렇다고 인정해라.

그녀는 그 슬픔을 마주하는 게 두려워서 먼저 그에게 집착했다. 그가 떠날까 봐 불안해서, 그를 떠나지 못하게 하려고 미리 더욱 통제하는 방식과 행동으로 그 두려움을 드러냈다.

그러니까 상대방은 더욱 빨리 떠나는 결과로 이어졌다. 이런 만남이 반복돼 온 그녀에게는 이것이 자신이 문제일까 봐 더 두려웠다. 자기의 이성관계 패턴으로 자리 잡는 것 같아서 더 두려웠다. 그래서 이번 만남은 더 성공하고 싶었다. 아니 유지하고 싶었다.

여러 가지 자기분석과 문제의식으로 찾아온 그녀에게 상담에서 제일 먼저 했던 작업은 떠나서 놀란 마음, 감정에 대한 머물기였다. 혼자 눈물로 많이 했을 작업 같지만 사실 부정적 감정을 만난다는 게 여간 힘든 게 아니다. 때론 자꾸 눈물이 나서 귀찮기까지 하기에 좀처럼 우린 감정을 머물러서 느끼지 않으려 한다. 그녀도 그랬다. 울긴 많이 했지만, 자꾸만 다른 생각을 하면서 이겨내려고만 했다. 자기를 설득하려고만 한 거다.

그래서 놀란 마음을 만나주면서 하나씩 감정의 계단을 내려가며 만나보면, 억울함, 화, 슬픔과 같이 감정이 드러난다. 이런 억눌린 감정, 억제한 감정에 대해 있는 그대로 허용하고 수용하는 체험을 여러 번 했다.

그녀는 혼자서도 많이 울었는데, 상담에서 이렇게 몸의 변화를 느끼면서 '감정을 오롯이 그대로 느낀다는 것이 이런 거구나' 하고 알았다며 신기하다고 했다. 상담에서 많이 울고 가는데 마음은 자꾸 홀가분해진다고 했다. 그렇다. 감정은 이렇게 느껴주면 흘러간다.

괜찮은 척하지 마라,
절대 괜찮지 않다

그는 6개월 동안 방에서 주로 누워서 지냈다고 했다. 상담실에 들어오는 그의 모습에서 알 수 있었다. 생기 없는 얼굴과 축 늘어진 어깨, 초점 없는 눈빛과 힘없는 걸음걸이에서 이미 그가 어떤 상태인지를 말하고 있는 것 같았다.

우울감이 심해서 이렇게 사느니 그냥 죽는 게 낫겠다 싶어서, 죽으려고 옥상에도 올라가 봤고. 베란다에도 서 봤었고, 영화에서 봤던 목욕탕에서 궁리도 해봤다고 했다. 그런데 막상 끝에서는 너무 무서워서, '난 죽을 용기도 없는 찌질이 인간이구나' 하고 눈물만 흘렸다고 했다.

그렇게 내려온 뒤론 드문드문 가던 학교도 가지 않고 방에서만 지냈다. 이런 자신이 너무 싫어서. 너무 못나 보여서. 어쩜 이렇게 바보처럼 사는지 한심해서 말도 하기 싫었다고 했다. 본가에서 보내주는 자취 비용을 확인할 때마다 마음은 더 심란해졌다.

상담신청서엔 진로 문제로 체크 했고, 다양하게 묻는 접수질문지에는 무응답으로 최소한의 응답만 한 채로. 이런 자기에게 당신이 어떤 도움을 줄 수 있겠냐는 표정으로 멍하니 마주 앉아 다리만 심하게 떨고 있었다.

지방에서 서울에 올라올 때는 남들이 부러워하고 부모가 자랑스러워하는 대학에 왔다는 성취감에 도취 돼 있었다. 그런데 자기보다 나은 인간들이 너무 많다는 사실을 확인하는 데는 그렇게 오랜 시간이 걸리지 않았다. 꼭 한 번에 붙기 위해서, 점수에 맞춰 온 학과의 수업이 도저히 적응이 안 됐다.

재미없고 궁금하지도 않았던 수업은 따분해 죽겠는데. 그곳에서 자기와 다르게 초롱초롱한 눈빛으로 공부하며, 교수님께 질문하고 토론하는 동기들이 보였다. 지금까지 살아오면서 한 번도 경험하지 못한 찌질이, 못난이의 마음을 그 순간 경험했다. '나만 이해 못 하고 있구나, 나만 소외됐구나'와 같은 실패감, 좌절감, 낙담, 열등감 같은 건, 이전까지 자기가 경험하지 못했던 감정들이었다.

그런데 그 불편한 감정들이 우물물 둑 터지듯이 나와서 자기도 무척 당황했다고 했다.

그런 자신을 다독이기 위해 술도 마시고, 게임에도 빠져서 해 보고, 실컷 놀아도 봤다. 그래도 정신이 깨는 다음날이면 불안하고 불편하기만 했다.

여자친구가 한동안 걱정이 됐는지 조심스레 병원에 가보라고 했다. 가까운 자취방 근처 정신의학과에 전화했는데도, 바보처럼 한마디도 못 했다. 진짜 바보처럼 얼어붙은 자신을 봤다. 말이 안 나왔다. 자기는 학창시절 잘 나가던 사람이었는데, 이젠 영 다른 사람이 나타난 거다. 자기가 도저히 받아들일 수 없는.

또 학과 과사무실에서 만난 후배의 인사에도 얼굴만 홍당무처럼 발개졌다.

한마디 답변의 말도, 인사도 못 하고 돌아서는 자기를 자꾸만 만나게 되니 "이런 젠장, 내가 이러려고 여기까지 왔나. 고등학교 때까지 놀고 싶고, 연애하고 싶은 마음 다 억누르고 여기까지 왔는데. 이게 뭐야" 하며 거울 속에 자기를 다그쳤다.

어느 날은 하도 어이가 없어서 "왜 그러냐고, 너 원래 이런 인간 아니지 않냐. 정신 좀 차려라. 지금까지 나를 속인 거냐" 하고 거울 속 자기에게 소리 질러 묻고 따지기도 했단다.

대학에 와서부터 자기가 달라졌다고. 자존감도 바닥이 나고 살기가 싫고, 자신이 너무 싫고 꼴 보기가 싫어졌다고 했다.

이런 얘기는 요즘 대학상담실에서 많이 만나는 내담자들의 대표적인 예다.

상담자인 나는 먼저 그에게 안정이 필요하다고 생각했다.

그래서 그의 마음부터 그대로 인정하고 선생님이랑 함께 느껴보자고 권했다.

바로 감정 수용하기 프로세스를 그의 신체감각을 활용해 상담 안에서 적용시켰다. 처음엔 이러고 사는 자기가 싫고 미운 마음을 그대로 느껴줬다. 그랬더니 떨리던 다리는 멈췄고 눈물이 터졌다. 가슴에 뭔가 답답함이 확 올라와서 꽉 차 있다고 했다.

그래서 이젠 그럼 그 답답함을 그대로 인정하고 느껴주자고 했다. 몇 가지 방법을 안내하며, 그가 그 감정을 온전히 그대로 만날 수 있도록 나는 계속 함께했다.

그랬더니 그의 눈에서 눈물이 하염없이 흐르며 "너무 힘들어요. 이렇게 못난이로 사는 거 싫어요"라고 했다. 이러려고 그 노력을 하며 여기에 온 게 아니라고 낮게 울부짖었다.

"그랬구나. 사랑아(가명). 그럼 어떻게 살고 싶어서 여기까지 그 노력을 하며 왔니?"

내 질문에 그는 망설임 없이 말했다. 보란 듯이 살고 싶었다고. 드라마, 영화에 나오는 대학 생활을 멋들어지게 할 셈이었다고.

그 무엇 보다 캠퍼스의 낭만을 실컷 누리고 싶었다. 초등학교 4학년부터 이 대학에 들어오기 위해 특별 학원 수업과 과제를 해내느라 힘들었다. 쉬는 날이 없어서, 늘 이 꿈을 맘속에 간직하고 살았단다. 그렇게 살고 싶은데 무엇이 그렇게 안 되게 하는지 물어봤다.

상담자 : 그렇게 살고자 하는데, 지금 무엇이 당신이 그렇게 사는 것을 방해하나요?

내담자 : 이젠 제가 예전에 제가 아니에요. 자신 있고 뭐든 잘하던, 악착같던 저는 없어지고 게으르고 아무것도 하지 않는 이상한 제가 있어요.

상담자 : 그렇군요. 그럼 옛날에 자신이어야 원하는 것을 할 자격, 캠퍼스 낭만을 즐길 수 있다는 거네요.

내담자 : 네. 그렇지 않겠어요? 누가 지금 저 같은 사람을 좋아하겠어요.

사실 자기는 이런 문제가 군대를 다녀오면 좀 해소될 줄 알았다. 그래서 1학년 마치고 군대에 갔다 왔다. 그런데도 그는 학교에서 학과에서 주변인으로 빙빙 돌았고, 아웃사이더처럼 굴다가 자꾸만 휴학했다. 그러다 보니 이젠 졸업도 나이도 다 걱정됐다.

이런 얘기를 고향의 친구들에게도 가족에게도 창피해서 할 수가 없었다고 했다. 그럴 만도 하다. 우리나라는 학교에서 공부 잘하면, 모든 것이 통과되니까. 공부 잘하면, 모든 것을 알고 잘하는 사람으로 대우하니까 드러내기도 어려웠을 것이다.

그런 친구가 이렇게 상담에서 고스란히 그 불편한 감정을 드러내고 만났으니, 얼마나 힘들었을까, 얼마나 많은 날을 자기를 미워하고 싫어하고 저주했을까.

이렇게 못난이 찌질이 감정을 선생님이랑 그대로 나누는 것부터가 대단한 용기라고 말해줬다. "다들 이런 감정은 모른척하고, 괜찮은 척하고 숨기고 도망가기 바쁜데, 사랑이는 여기 있잖아. 그럼 이젠 변화는 시작된 것이 아닐까?"라고.

그는 얼굴에 무슨 희망이라도 발견한 듯 미소를 지으며 그렇게 하고 싶다고 했다. 아주 친한 친구에게도 부끄러워서 말 못한, 자기의 내면의 마음들을 하나씩 함께 가 달라고.

자기를 이해할 수 없고, 너무 답답하고 힘들었는데 괜찮은 척하느라고 너무 힘들었다고. 특히 고향 본가에 가면 자기를 위해 고생하시는 부모님께 너무 죄송해서 더 괜찮은 척했다고. 부모님은 자기가 이렇게 망가져서 사는 줄도 모르고, 아껴 쓰시면서 서울에서 자취하는 자기의 용돈과 비싼 주거비를 내주신다는 거다.

아버지가 정년퇴직이 얼마 남지 않으셨다며 엉엉 울었다. 그런 아버지에게 가졌을 미안함, 죄책감이 그 착한 마음의 청년을 얼마나 짓눌렀을까 싶었다.

그래서 그와 난 대학에서 허락하는 상담 시간까지 함께 열심히 그의 마음의 길을 따라갔다. 물론 그 청년은 지금 잘 지낸다. 동기나 친구들이 심리적 어려움을 얘기하면, 곧장 학교 상담실에 가보라고 적극적으로 소개한다며 너스레를 떠는 그 청년이 있다. 이젠 씩씩하게 말하는 그가 있다.

그는 변화된 것이 아니라 자기 안의 다양한 감정을 만났을 뿐이다. 괜찮은 척 연기 안 하고, 쿨한 척하느라 피하지 않고, 그냥 그대로 그 부정적 감정들을 아프지만 만나서 느꼈다. 많이 울었고, 다양한 몸의 반응이 있었다. 그렇게 끝날 것 같지 않은 감정의 까만 동굴을 한발씩 지나왔다. 그는 어두운 그 동굴에서 무서우면 무섭다고, 외로우면 외롭다고, 힘들면 힘들다고 그저 그렇게 존재할 뿐이었다. 괜찮지 않은데 괜찮은 척 마라. 그러다 탈 난다.

무엇이
내 감정을 억누르는가

　나는 주말에 전국에 있는 상담전문가들을 대상으로 집단상담이라는 이름으로 15시간의 워크숍을 하곤 한다. 상담 자격 취득을 위한 수련생들도 있지만, 대부분 대학, 기업, 유료상담센터에 있는 상담심리전문가들이 그들의 내적 성장을 위해서 참여한다.

　상담하는 우리도 일상을 사는 생활인이기에 직업에서의 고충, 가족관계에서의 불편감 등 다양한 이야기를 하면서 자기의 내면을 만나는 시간을 갖는다. 몇 년째 매월 진행하면서 느끼는 거지만 다른 사람, 다른 얘기인데 큰 줄기는 한결같다. 물론 나 또한, 그랬다.

　그녀는 정규직으로 안정적인 직장과 자신을 잘 이해해주는 남편, 그리고 너무 사랑스럽고 귀여운 아들, 딸이 있다. 누가 봐도 단란하고 아무 문제 없이 잘살고 있는 듯이 보인다.

　사실 그녀의 마음속 불편감만 아니면 그녀도 때때로 '맞아, 완벽해'라고 생각했었다. 어렸을 적 그녀가 꿈꾸던 가정의 모습을 지금 그대로 하고 살고 있기 때문이다.

그런 그녀가 오늘도 차가운 도시 여자의 모습을 하고선 워크숍에 들어와 '이런 얘기를 해도 될까요?' 하며 주저하고 있다.

그대로(상담자) : 지금은 어떤 얘길 해보고 싶나요?

그녀 : 저는 아이들이 싸우는 것을 보는 것이 불편해요. 제가 다 해결하고 중재해서 편안하게 해줘야 할 것 같아요.

그대로(상담자) : 그렇군요. 아이들이 싸우거나 우는 것을 보면, 당신은 그 순간 어떤 생각, 느낌, 그래서 하는 행동이 무엇인가요?

그녀 : 저는 일단 화가 나요. 밖에서 힘들게 일하고 와서 피곤한데 자기들끼리 좀 잘 놀지. 나도 힘든데. 그래서 제 몸 컨디션 상태에 따라 달라요. 어쩔 땐 화를 내고, 또 싸우지 말라고 훈계해요. 어느 날은 잘 달래주고요. 왔다 갔다 해요. 그러고 나면, 저는 또 너무 지쳐요.

그대로(상담자) : 그러게요. 많이 지치고 힘드시겠어요. 집에 오면 좀 쉬고 싶으셨을 텐데.

그녀 : 머리로는 비폭력 대화다, 감정코칭이다, 공감해줘야 한다는 걸 알거든요. 제가 나가서 그렇게 교육하기도 하니까 너무 잘 알아요. 또 요즘 육아서도 좋고, 유튜브도 많이 봐서. 사실 어떻게 해야 하는 건지 머리로는 너무 잘 아는데, 막상 그 순간엔 그냥 모든 것이 일시 정지가 돼요. 지나면 후회하고요.

그대로(상담자) : 네 그러시군요. 감정을 먼저 알아주는 것이 중요하다는 것을 알고 계시네요. 감정은 먼저 알아주고 느껴줘야 상대방의 감정도 그렇게 자연스럽게 알아줄 수 있거든요.

그녀 : 네. 알면서 그렇게 적용 못 하는 저를 비난했어요. 아이들이 잠들면 후회하고, 울고. 내가 다 모자라고 부족해서 이런 거라고 제 탓을 하면서요. 이런 날이 반복돼요.

그대로(상담자) : 그래요. 그럼 아이들의 다툼, 싸움을 보거나 우는 모습을 볼 때, 올라오는 당신의 감정을 먼저 존중하며 맞아주는 연습을 지금 여기서 바로 해볼까요?

그녀 : 지금요? 네.

그대로(상담자) : 아이들이 싸운 소리를 들었을 때, 그때 올라오는 감정 그대로 지금 여기서 느껴줄 겁니다. 당신의 마음속에 허가(허락)하세요. 지금 당신의 감정을 있는 그대로 느끼고 수용하겠다고요. 이젠 그 감정을 회피하거나, 아닌 척하며 둘러대지 않겠다고요. 지금 그 장면을 떠올릴 때 올라오는 감정을 그대로 허용하세요.

그녀 : 근데 느낀다는 게 뭐에요? 전 잘 모르겠어요.

그대로(상담자) : 괜찮아요. 당신의 몸이 알려줄 거예요. 그냥 가만히 당신의 가슴 속 호흡이 들고 나는 그곳을 그저 의식과 의도를 가지고 집중해서 가만히 바라보세요. 지금 그대로 몸의 어디에서 당신의 감정 반응이 나타나나요? 언어로 다 표현하지 못해도 괜찮아요. 몸은 알고 있으니까요. 지금 당신의 몸 어디에서 불편감이 드는가요? 가만히 바라보세요. 모든 주의를 몸의 불편감과 변화를 관찰하세요.

그녀 : 가슴 쪽이 열감이 나고 어깨가 무게감이 느껴져요.

그대로(상담자) : 괜찮아요. 그대로 그 불편감을 그대로 바라보며 함께 있어요. 그 감정을 그냥 아무 판단 없이 그저 그대로 허용하면서 있으면 돼요. 이렇게 허용하며 바라보니 지금 몸의 어떤 변화가 일어나고 있나요?

그녀 : (눈물을 흘리며) 가슴에 있던 열감이 퍼지면서 손끝이 저릿하고 목이 답답해요.

그대로(상담자) : 그 답답함도 그대로 허용합니다. 답답하구나. 지금 마음에서 올라오는 어떤 장면이나 이미지, 말이 있으면 올라오는 대로 해보세요. 긍정, 부정을 따지지도 가리지도 말고 그저 올라오는 그대로요.

그녀 : 갑자기 왜 이게 떠오르는지 모르겠어요. 엄마, 아빠에게 하고 싶은 말이 있었어요. 어렸을 때도 생각했던 건데, 나를 낳았으면 책임을 지라고. 나는 자식이고 당신들이 부모인데 어떻게 그렇게 미성숙하시냐고. 그만 좀 싸우라고. 어쩜 그렇게 당신들 할 거만 하냐고요. 나 좀 봐주라고요. 좀 보살펴달라고요.

그대로(상담자) : 그렇군요. 그냥 올라오는 그 말을 해보세요. 예쁘게 말하려고 애쓰지 말고 그냥 당신이 하고픈 그 말을 해보세요.

그녀 : 나 좀 봐봐. 나 여기 있잖아. 해준 것도 없으면서 뭘 그렇게 나한테는 바라는 게 많아, 하라는 게 많아. 난 그게 너무 버겁고 힘들었어. 나 혼자 책임지고 다 짊어지고 사는 게 너무 외로웠다고. 나 좀 봐주지. 나 이렇게 힘든데. 매번 혼자 두고. 물어봐 주지도 않고. (눈물)

그대로(상담자) : 네, 혼자 하는 것들이 너무 버겁고 힘들었군요. 그때 그 말을 하고 싶었던 꼬마(내면아이)를 지금 당신이 느껴보니 어떤 마음이 드세요?

그녀 : 불쌍해요. 늘 혼자였어요. 부모님이 싸우시지 않으면 다 바쁘니까. 저는 혼자 서성이다가 언니한테 갔어요. 가서 같이 놀고 싶은데 언니도 나를 귀찮아했어요. 언니는 친구들이랑 잘 놀았거든요. 아, 그래서 지금 아이들이 사이좋게 안 놀고, 특히 둘째 아이가 와서 징징대면 첫째 아이에게 자꾸 잘 데리고 놀라고 하는 것 같아요.

그대로(상담자) : 그렇군요. 둘째 아이의 마음을 당신은 아는군요. 그럼 첫째 아이는 어떤 마음일까요?

그녀 : 첫째는 짜증 내고 귀찮아하는 것 같아요. 그러면 안 된다는 말만 자꾸 했지 첫째 아이가 그럴 때 어떤 마음이 드는지는 물어본 적이 없었어요. 둘 다 서로 사과하라고만 했고요. 아, 내가 아들한테는 물어보질 않았네요.

그대로(상담자) : 마음이 수용되지 못한 상태에선 아무리 좋은 훈계와 대처방안도 들리지 않아요. 우리도 그렇잖아요. 내 맘도 모르면서 사과하고 잘 지내라고 하면, 그 말 안 듣게 되잖아요.

그녀 : 네 그래서 늘 첫째 아이는 자기만 혼나는 게 억울한지 뽀로통하고, 둘째는 마음을 알아주는 것 같으니까 더 징징대고 했나 봐요. 저는 그 모습을 보는 게 영 찜찜하니까 자꾸 타이르다 보니 설명이 길어졌던 거 같아요. 앞으로 어떻게 하면 좋지요?

그대로(상담자) : 두 아이의 마음을 각자의 입장에서 수용받는 느낌이 들도록 함께해주는 거예요. 당신의 감정을 있는 그대로 허가하고 수용했듯이, 아이들의 감정을 '그랬구나' 하고 그대로 함께 들어만 주세요.

그랬다. 그녀는 부모님께 자신을 좀 보살펴 달라고 말하고 싶었다. 때때로 너무 외롭고 심심했다고, 혼자 다 하고 살기엔 너무 벅찼다고 말하고 싶었다. 그러나 그녀의 부모님은 없는 살림 일으킨다고 악착같이 돈을 버는 모습으로 바쁘고 힘들어 보였기에 이 말을 할 수가 없었다. 아니 처음엔 표현했었는지도 모른다. 그러나 그 말이 그들의 바쁜 귀에는 들리지 않는 듯했다. 이렇게 우리들의 감정은 억눌려 있다.

그런 부모님께 귀찮게 하고 싶지 않아서 또 징징대다가 버림받는 느낌, 내가 소중하지 않다는 느낌 받고 싶지 않아서 그 아이가 그 감정을 삼켰다. 억눌렀다. 억누르는 게 뭔지도 모르고 그렇게 했다. 그저 따뜻한 말 한마디, 내 말에 귀 기울여주고 웃어주는 부모님의 모습을 보고 싶어서 참았다. 그러면 행복해질 줄 알았다. 나아질 줄 알았다.

상대의 감정까지도
책임지려는 당신에게

나는 어렸을 때는 엄마, 아빠, 동생이 행복하길 바랐다. 그래서 어떻게 하면 엄마, 아빠가 행복하실까 조그만 아이가 궁리를 많이 했었다. 학교에서 선생님께서 특별히 내게 해준 칭찬이 있으면 꼭 기억해뒀다가 엄마, 아빠가 회사에서 오시면 막 얘기하기 바빴다. 그러면 지친 엄마 얼굴에 웃음이 지어졌고, 아빠는 웃진 않으셨지만 늘 찌푸리던 인상은 덜 하셨다.

왜 그랬냐면, 나는 7살에 다시 서울에 와서 엄마, 아빠와 함께 살게 됐다. 떨어져 있었던 시간 동안, 난 참 많이 가족을 그리워했고, 애달파했다. 서울에 와서 함께 산 가족은 할아버지, 할머니, 삼촌, 고모 세 명, 그리고 남동생 이렇게 열 명의 대가족이었다. 대가족 살림하면서 직장에 다니셨던 엄마, 아빠는 늘 근심이 많아 보이셨고, 일하느라 바쁘셨다.

유일하게 웃는 날은 나나 동생이 상장을 타온 날이거나, 학교나 집 밖에서 우리가 들은 칭찬의 말을 해줄 때였다. 그러니 난 그 칭찬이나 상장을 받기 위해 엄마, 아빠처럼 참 열심히 살았다. 어른들 말씀도 잘 들었다. 지금 돌아보면 그렇게라도 주목받고 싶고, 웃음과 굶주렸던 정을 나누고 싶었던 거 같다.

주일에 엄마랑 함께 교회에 가면 나는 하나님께 다짜고짜 이렇게 기도했었다. "하나님, 어디 계세요? 우리 가족 좀 싸우지 않게 해주세요. 엄마가 웃게 해주세요"라고. 제발 좀 행복하게 해 달라고 매주 기도했다.

꼬마인 내가 본 엄마의 삶은 너무 힘들어 보였다. 8살 1학년 때 썼던 그림 일기장에도 엄마 손을 분홍색으로 색칠했었다. 왜냐하면, 엄마의 손은 늘 빨강과 살구색의 중간으로 보였다. 주일에도 한 다라 담금질 돼 있는 가족들의 손빨래를 하시느라 벌겋게 얼어 보였고, 새벽에 일어나서 밥도 하고 도시락도 일곱 개인지 여덟 개인지 싸시고, 설거지하신 손도 그렇게 발갛게 보였다.

그러고는 늦을세라 섬유공장으로 출근하셔서 또 몸으로 일하셨다. 실밥도 따고, 미싱도 밟으시면서 모범 표창장도 여러 번 받아오셨을 만큼 성실히 사셨다.

아버지도 늘 묵묵하게 일하시는 분이셨다. 별로 큰 목소리가 없이 집에 오시면 조용히 식사하시고 주무셨다. 그래서 난 아빠가 조용한 사람인 줄 알았다.

그런데 나중에 따로 나와서 살아보니, 우리 아빠는 엄청 재밌는 스타일이셨다. 농담도 재치 있게 잘하시고 흥도 많으셔서 매주 가요 무대와 전국노래자랑을 빠짐없이 볼 만큼 노래도 좋아하고 잘하셨다.

난 아빠가 엄마 환갑날 노래 부르시는 모습을 보고 깜짝 놀랐었다. 외가 식구들과 사돈 어르신들과 함께 펜션 안에 모여 앉아서 놀 때였다. 어깨춤을 덩실덩실 잘도 추시면서 노래를 멋들어지게 가수처럼 부르시는 거다. 난 아빠가 그렇게 잘 노는 줄 처음 알았다. 아빠의 그 모습을 보면서 난 너무 웃기고도 슬펐다.

사돈어른들을 깔깔 웃기기도 하면서 너무 큰 웃음을 주시는데 이제야 아빠의 이런 모습을 알게 된 게 슬펐다. 난 아빠가 고지식하고 인색하기만 한, 그냥 전형적인 꼰대 공무원이라고만 생각해왔기 때문이다.

대가족이다 보니 옛날에 나왔던 드라마 〈대추나무 사랑 걸렸네〉처럼 우리 집은 매일 바람 잘 날 없이 시끄러웠다. 엄마, 아빠가 싸우는 일은 거의 없었다. 오히려 두 분은 서로 위했고, 사소한 것도 함께 상의하는 대화가 많은 부부셨다.

나는 마루가 넓은 안채에 있을 때보다, 사랑채처럼 밖으로 나 있었던 우리 4인 가족의 방을 좋아했다. 작은 그 방 한 칸은 내겐 엄청 크고, 따듯하게 느껴졌다.

할아버지가 화가 나시거나, 명절에 싸움이 나는 이유의 주제는 주로 돈과 효도에 관한 내용이었다. 어린 내가 이해할 수 없는 내용이었지만, 난 또렷하게 기억한다. 참다 참다 엄마가 도리에 대해서 했던 말씀을.

엄마는 "사람이라고 다 인간이 되는 건 아니다, 인간이 인간답게 노력하고 참을 줄도 알아야 한다"라고. 누구를 향해서, 누가 들었는지 모르겠지만, 엄마는 동생과 내게도 그 말씀을 자주 하셨다. 인간이 돼야 한다고.

내가 학교에서 아무리 반장을 하고, 상장을 많이 타도 집안의 싸움과 눈물은 마르지 않았다. 내가 보는 엄마, 아빠는 열심히만 살고 효도를 잘

하시는 것 같은데, 할아버지는 왜 맨날 화가 나 계셨는지 모르겠다. 지금 생각해 보면, 그렇게 열 명의 사람이 함께 살면서 조용하기가 힘든 구조일 수도 있었겠다. 다들 욕구와 생각이 달랐을 텐데, 어떻게 그렇게 함께 살았을까 싶다. 지금은 하늘나라에 가 계신 할아버지도 참 힘드셨겠다.

그때 내가 엄마의 속상한 마음을 대신할 수 없다는 것을 좀 더 일찍 알았더라면 좋았을 것을. 그러면 난 좀 어린아이로 살 수 있었을 텐데, 나는 아주 늦게 알았다. 어떻게든 고생하시는 엄마, 아빠를 웃게 하고 싶어서 속 깊은 아이로 자랐다.

내가 엄마, 아빠를 사랑한다는 이유로 이렇게 애늙은이처럼 커서 속상하다고 하면, 부모님은 어떻게 반응하실까?

부모님은 나의 이 말에 가슴이 무너지실 거다. 또 슬프고 속상하시고 미안해하실 거다. 당신들이 몰라줘서 미안하다고, 자신들이 모자라서 미안하다고 또 눈물을 삼키실 거다.

사춘기 때는 차라리 엄마, 아빠가 나나 동생에게 화내고 욕하고 성질을 냈으면, 나도 좀 내 멋대로 살지 않았을까 생각했을 때도 있었다. 너무나 따뜻하고 헌신적으로 사시니까 그런 부모님을 보면 안쓰러웠다. 그런 삶의 모습을 보여주니까 내가 조금만 비뚤어진 마음을 먹거나 생각이 들면 바로 죄책감이 밀려왔다. 내 안에서는 늘 굿(Good)과 배드(Bad)의 마음이 싸우고 있었다.

상담하다 보면, 부부관계가 안 좋아서 자식들한테 죄책감을 가진 부모들이 뜻밖에 많다. 이혼해서 미안하고, 애들 앞에서 싸워서 미안하고. 바빠서 미안하고, 어리석어서 미안하고. 그래서 애들한테 자신이 죄인이라고 말씀하시는 분들도 있으시다.

그분들도 일부러 그런 것이 아닌 데, 우리 부모님처럼 살아내시느라 그런 건데, 자식 앞에서는 아담과 이브가 진 원죄를 지은 것처럼 한없이 작아진다. 그래서 물질적으로라도 해주고 싶고, 더 많이 해주게 된다고. 힘들게 번 돈으로라도 그 죄를 갚아야 할 것 같다고 말이다.

그런 분들에 나는 그냥 말씀드린다. 차라리 그냥 "사과를 하세요"라고.

어떤 것이 미안한지. 어떤 것을 해주고 싶었는지, 그런데 그땐 뭐가 그렇게 어려웠는지 그 얘기를 진솔하게 자식에게 해보시라고 권한다.

내가 아빠의 흥과 노래 실력을 몰랐듯이, 그들도 부모의 어떤 면은 잘 모를 수 있기 때문이다. 당신이 자녀에게 어떤 부모의 모습으로 있으려고 노력했었는지 얘기해 주면 좋겠다. 당신의 자식들이 당신에게 기대하고 바라는 것은 나의 어린 시절처럼 엄마, 아빠가 웃으면서 행복하게 사시는 거다. 당신이 가진 그 죄책감으로 아이의 감정을 대신 느껴 줄 수도, 책임질 수도 없다. 돈으로 해결할 수 없다.

그때 자녀가 어땠었는지 그것을 편하게 말할 수 있는 대상으로만 존재하셔도 감사할 것이다. 말하려고 하면 지난날 얘기를 왜 꺼내냐고, 당신이 물러서고 뿌리칠 때마다 예전의 그 부정적이 감정은 다시 올라온다. 아프다. 죽을 때까지 속 얘기도 못 하는 부모 자녀로 살다 갈까 봐 너무 안타깝다.

그러니 이젠 내려놓아라. 상대의 감정은 각자의 몫이다. 그 몫을 잘 책임지고 갈 수 있도록 옆에서 그냥 있어 주길 바란다. 우리 엄마가 말한 그 한 인간으로 말이다.

미워하는 관계는
미움의 감정을 주고받는다

내 말을 잘 안 들어 준다는 생각되는 사람과 대화할 때는 모든 것이 조심스럽다. '내가 이렇게 말한 것을 또 다르게 생각하고 기분이 상하면 어쩌지, 나는 정말 갈등을 유발할 마음이 없는데 또 그렇게 여기면 어쩌지' 하는 괜한 걱정이 든다. 그래서 또 한 번 미리 대화의 시뮬레이션을 돌려 본다.

나는 논문지도 교수님과도 이토록 긴장하지 않는데 미운 사람, 나를 미워하는 사람 앞에 서면 긴장이 되고 머리가 복잡하다.

그래서 전화 통화음이 연결돼서 바로 받는 것도 당혹스럽고, 너무 늦도록 연결음이 울려도 가슴이 불편하다. 조금 전에도 미운 사람과 통화했다. 아니 이젠 미움을 넘어서 무서워진 사람이다.

이렇게 된 이유라면 처음에 서로 마음에 무척 들어서였다. 그래서 그게 너무 좋아서 너무 많은 마음을 공유했다. 그러다 보니 더 기대했다. 나를 다 알아주고, 내가 제대로 이해받을 수 있겠다는 기대. 계속 그렇게 좋아하고 영원할 것 같은 느낌을 서로가 유지하기를 원했다.

그렇지만, 그런 건 항상 어떤 결핍에 의한 끌림이다. 서로가 더 많은 것을 기대했고, 서로에게 더 많은 혜택을 바랐었다. 나도 그녀도. 똑같았다.

《현존수업》에서 통합되지 못한 감정은 관계 속에서 반영과 투사로 나타난다고 한다. 그래서 당신 앞에 나타난 불편한 감정 경험을 하게 해주는 그 사람 덕분에 당신은 그 메신저를 알아차릴 기회가 온 것이라고 한다. 그런데 이런 기회는 왜 이리 아프고 무서운지.

그래서 사람을 좋아하는 것, 마음이 끌리는 것이 무서워졌다. 또 이런 결과를 만나게 될까 봐.

너무 아프고 힘드니까, 이젠 안 하고 싶어서 오히려 더 냉소적으로 사무적으로 대하기도 했다. 그러니까 도도하고 차갑다는 소리도 많이 들었다. 아무렴 어떤가. 내 속을 누가 알겠는가.

아무튼, 난 마음이 아주 아팠다. 그것도 관계 안에서.

다양한 상담공부뿐 아니라 인문학, 철학, 영성, 명상으로까지 나의 이런 내면을 달래기 위해서 노력을 해왔다. 책도 읽고, 강의도 듣고, 워크숍에도 참여하고 명상수련도 받고. 이젠 혼자 할 수 있을 만큼 물론 다 도움이 됐다. 내가 간절해서 했던 거니까.

난 그럴 때면 편안하게 유튜브로 내가 좋아하는 영상을 보거나 얘기를 듣기도 한다. 그때그때 내키는 대로 말이다. 짧은 시간에 다양한 선택지가 손안에 있다는 것이 얼마나 위안이 되는지 모른다. 이건 상담에 오시는 분들도, 강의할 때, 사람들도 많이들 그렇다고 하기에 일부러 찾아볼 때도 있다.

나도 그렇지만 내담자분들은 자기의 불편감을 해소하기 위해 유튜브를 보거나, 그것을 회피하고자 유튜브를 보거나 한다. 그래서 유튜브에서 무엇을 보느냐에 따라 개인의 현재 상태나 욕구를 파악하거나, 관심도를 아는 데 도움이 되기도 한다.

처음엔 평소처럼 서점에서 마음치유와 관련된 책들을 살피다가 김상운의 《왓칭》이란 책을 접하게 됐다. 저자의 얼굴을 보니, 왠지 익숙한 얼굴이었다. 그분이 내가 예전에 TV에서 봤던 뉴스앵커, 특파원이 이런 마음 관련 책을 썼다는 것이 사실 놀라웠다. 그래서 인터넷에 검색하니 공영 방송뿐 아니라 유튜브에 직접 메일로 온 사례에 대해 답변을 해주시는 거다. '나만이 아니라 이런 분도 마음의 고통이 있었구나' 하는 마음과 '이렇게 접근하는 방법도 있구나'를 알았다.

그래서 일반인들에게 이렇게 접근하는 것이 도움될까 싶어서, 회사 사람들과 독서크루 모임에서 이 책을 함께 읽고 거울 명상을 해보기도 했었다.

나는 기업에서 상담하면서 내담자들이 실제로 확인할 수 있는 상담 효과에 대한 고민을 많이 해왔다. 어려운 이론을 어떻게 하면 그 사람이 익숙한 것으로 접근해서 심리 내면으로 깊숙이 들어가나 연구하는 편이다. 그러니까 일상의 대중가요, 유튜브도 강의나 상담 시에 나는 많이 활용하는 편이다. '김상운 선생님이나 나나 다르지 않구나'처럼 보편적인 얘기로 서로의 인생을 나누고 싶기 때문이다.

나탐(Natam)의 〈나 탐구생활〉을 보면서 또박또박한 말소리로 감정과 무의식에 대한 얘기를 듣기도 했다. 그녀의 유체이탈과 같은 체험 얘기는 흥

미로웠고, 나의 자각몽과 다른 경험들도 떠올랐다. 그걸 그렇게 이름 지어 부르는 줄 모르고 겪은 셈이다. 그러면서 이걸 듣는 사람들이 써 놓은 댓글로 일반 사람들이 어떤 도움이 되는지, 무엇을 경험하는지에 대해 간접적으로 읽어 보기도 했다.

또, 여성 의사분이 진행하는 〈삶을 바꾸는 에너지, 몸 마음 양자의학〉을 들으면서, 의사분은 감정이나 무의식을 어떻게 설명하는지도 참고한다. 자기의 아들과의 있었던 관계불편감을 진솔하게 얘기하면서 들려주셔서 나도 많이 공감됐다.

난 이제 이런 사람들처럼 솔직한 것이 좋다. 전문가라고 다 잘사는 척, 웃고만 사는 척 말고, '실수나 실패에서 나 이런 걸 느꼈어. 이런 걸 깨달았어. 많이 아프더라, 많이 힘들더라'와 같은 말이 더 진솔하게 느껴진다. 아마도 이건 내가 전문가이면서 이들처럼 넘어지고, 엎어지고, 실수하면서 살아서일 거다.

그런데, 이젠 이런 나를 싫어하거나 미워하지 않는다. 그러느라고 그렇게까지 해서 여기까지 오느라고 얼마나 많이 울었는지 아니까, 그런 나를 뭐라고 나무라고 싶지 않다.

그래서 난 유튜브를 잘 활용하며 산다. 조용히 가만히 누워서 들을 수 있는 깨달음에 관한 다양한 강의, 짧지만 마음에 남는 영성에 관한 얘기들, 명상을 길게 하고 싶을 때 틀어 놓는 거, 요리할 때 책을 읽어주는 영상 등 정말 다양하게 이용하고 있다. 관심 분야가 마음치유, 내면치유다 보니 자연스럽게 영성이나 무의식 정화 관련 영상들이 많이 연결돼 보게 됐다.

그러던 중 김태광 저자를 알게 됐다. 그분은 〈한국책쓰기 강사협회〉의 대표로 많은 책을 집필하고, 16권의 교과서에 글이 수록된 작가이기도 하다. 최근에는 어떤 성악가가 그의 시를 곡으로 써도 좋겠냐는 메일도 받았다고 하셨다. 그의 책과 유튜브에서 어떻게 글을 써서 출판했는지도 알게 됐다.

나는 원래 책을 출판하기 위해 지난해부터 여러 시도가 있었다. 나를 포함해서 전문가 4명의 선생님과 함께 공저 출판을 하기 위해 6개월 이상 노력했었다. 다른 출판사 편집장님과 대면미팅도 하고, 새벽에 화상 모임도 했었다. 다들 바쁜 와중에도 새벽 화상회의로 책의 주제나 글의 내용을 정하고, 각자의 전문분야로 글을 풀어내기도 했다. 물론 그 책도 언젠가 나오리라 생각하지만, 난 나의 얘기를 쓰고 싶었다.

내담자나 다른 상담 이론가들의 말을 빌려서 설명하는 글 말고, 그냥 있는 그대로 나를 말하고 싶었다. 내가 생각한 대로, 내가 느낀 대로. 그대로 써 보고 싶었다. 그래서 〈한책협〉에서 운영하는 책 쓰기 과정을 통해 나에 대한 글을 쓰게 됐다.

그러다 보니 대표님과 책에 관한 얘기뿐만 아니라 삶에 관한 대화의 시간들도 있었다. 대표님도 많은 사람이 작가가 되려고 당신을 찾아와서 하소연하니까, 처음엔 많이 마음을 내어 도와주셨던 모양이다. 사람들의 배신, 거짓말, 성공하고 나서 태도 돌변 등 별의별 사람들이 참 많았다고 하셨다. 그러면서 "저는 이젠 수강생들과는 개인적인 관계는 안 합니다"를 힘줘 말씀하셨다.

내가 처음 만난 날 들었던 말이었다.

나도 그 마음을 알겠다.

개인적인 관계는 더 이상 누구하고라도 안 한다는 그 말은, 내가 수퍼바이저로 활동하면서 속으로 했던 말이기도 했다. 또, 내가 기업의 상담실 실장으로 일하면서 누구한테도 못하고 속으로 되뇌던 말이기도 했다.

'나는 이제부터 사람들 말 안 믿을 거야. 나는 이제 회사에서 사람들하고 안 친할 거야. 나는 이제 수련생들 지도 할 때, 공과 사를 구분할 거야.' 이러면서 슬펐던 내가 떠올랐다.

나는 수련생이나 내담자들이 경제적으로 어렵다고 하면 어떻게 하면 좀 도와줄 수 있을까를 고민했던 사람이었다. 내 이익을 뒤로하고서라도 시간과 정성을 내어 수퍼비전을 하고 상담했는데, 자신들의 수련요건이 채워지거나 불편감이 해소되면 그만이었다.

꼭 내게 어떤 대가나 보상을 안 주나 그런 의미에 말이 아니다. 너무 순진하게 그들의 말을 믿고 해준 내게 돌아온 것은 글로 쓰기도 싫은 내용이다.

지금 돌아보면, 그때 그들은 그럴 수밖에 없었던 이유가 저마다 있었을 것이다. 또, 그런 부탁을 내게만 했을 리도 없다. 그런데 나는 바로 거절하지 않고, 내가 힘들고 어렵게 공부했으니까 헤아려 보려고 했던, 그 마음이 문제다. 또 그러면서 내가 그 친구들의 사정을 알아줬으니 마음으로 연결되고 싶은 마음이 있었나 보다. 아니 적어도 계속 아는 척은 하고 살 줄 알았다. 그런데 나는 싸게 쉽게 사용하고 버려지는 물건 같은 기분을 경험했다. 긴급하게 필요할 때만 찾는 돈 안 드는 자문위원 같기도 했다.

그래서 가까워지는 것도 무섭고, 특히 내게 하소연하거나 사정을 말하는 이를 보면, 더욱 내 안에서 중심을 잡으려고도 했었다. 또 넘어가고 무너질까 봐 나를 바짝 몰아붙였다. 그랬더니 '딱딱하다, 차갑다, 냉소적이다'란 말도 그 뒤부터 듣게 됐다. 차라리 그렇게 보면서 내게 안 오는 게 편했다. 그러면 아예 안 보는 관계까지 되진 않으니까 말이다.

내가 좋은 마음을 줬는데 상대가 그것을 받기만 했을 때는 그래도 괜찮다. 그런데 그것을 받기만 하고 나를 모른척할 때, 떠나려 할 때, 나는 그 사람이 밉다. 그렇게 떠난 그 사람이 어느 날 갑자기 전화가 오면, 나는 그 사람이 무섭다.

관계를 힘들게 하는
사람의 특징

회사에 다닐 때 친한 후배가 있었다. 야무지고 똑똑한 그녀는 출근해서 회사에 오는 게 오히려 마음이 편하다고 했다. 이유는 집에 함께 사는 배우자 때문이라고 했고, 난 점심시간마다 그녀의 배우자 얘길 들었었다.

예를 들어, 어젯밤에도 서로 퇴근해서 피곤하니까 저녁을 시켜 먹자고 했단다. 그런데 "그래, 알았어" 대답해 놓고는 무엇을 먹을지, 언제쯤 시킬지 아무 연락이 없었다고 했다. 늘 이런 식으로 그녀가 비서처럼 모든 것을 챙겨서 물어보고 주문해야 하는 게 이젠 짜증이 난다고 했다.

왜냐하면, 아예 끝까지 말이 없으면 좋은데, 막상 그녀가 "그럼 오늘은 이거 시킨다"라고 말하면 "꼭 그게 먹고 싶어? 별로지 않아?"라고 응답을 하고는 또 아무 제안이 없다는 거였다. 그런 식으로 배우자가 만족할만한 메뉴가 나올 때까지 그녀는 매번 "이거 할까? 저거 먹을까?" 묻다가 기분이 상한다고 말이다. 그녀의 말로 하면, 김이 새서 밥맛이 없을 지경이라고 했다.

하기야 나도 하도 들어서 어느 날은 그녀가 안쓰러워서 "그냥 사랑 씨 (가명) 먹고 싶은 거 먹지" 이렇게 말하게 된다.

그래서 그녀가 배우자 얘기를 할 때면 늘 억양이 높아지고, 말의 속도는 빨라지는데 그녀는 그런 줄 모르는 것 같다. 회사업무 얘기를 주고받을 때, 들을 수 없는 목소리 톤이다. 화가 난 거 같다. 그만큼 할 얘기가 많은가 보다.

그녀도 어느 날은 짜증 나서 응답하거나 퉁명하게 대답을 하면, 그날은 싸움 같지 않은 싸움으로 끝이 난다고 했다. 배우자는 왜 기분 상하게 그런 말투로 말하냐며 오히려 더 쿵쿵 소리를 내면서 집안을 걸어 다니거나, 반찬통을 식탁에 툭 던지듯이 한다는 것이다.

처음엔 그녀가 깜짝 놀라서 놀랐다고 말을 하니, 눈을 휘둥그레 하면서 별거 아닌 양 넘겼다고 했다. 오버 반응한다고. 그 뒤로는 그녀의 배우자는 감정이 상하면, 설거지통에도 그릇을 툭툭 놓고, 빨래통도 쿵 던지는 것이 이젠 일상이 됐다는 것이다.

그렇다고 그녀가 왜 화를 그런 식으로 내냐고 소리를 내면서 말해보지 않은 것은 아니었다.

자기는 아무것도 안 했는데, 왜 또 시비를 거냐며 싸움이 시작된다고 했다. 그러다가 그녀는 폭발하듯 소리치며 말하다 울고, 딱 영화 속 미친 여자가 자기 모습이라는 것이다. 그런데 자기가 그렇게 할 때, 배우자는 문을 쾅 닫고 나가버린다는 거다.

그녀가 얼마나 마음도 쿵 했을지 안다. 나도 그런 경험이 있기에 얼마나 답답하고 화날지 안다.

난 그런 사람들을 '무드킬러'라고 말하고 싶다. 상대방 기분을 헤아릴지 모른다는 건 자기의 감정도 모른다는 말이다. 그러니까 매번 어느 순간에나 그렇게 기분을 망치는 의사소통을 하는 것이다. 그 사람 안에는 자기감정은 모르지만 자기의 '옳다, 맞다'라는 생각은 엄청 강할 거라는 건 만나지 않고도 알 수 있다.

안 그러면 그런 방식으로 소통할 리가 없기 때문이다. 매일 같이 밥 먹고, 거실에서 식탁에서 마주해야 하는 가족과의 이렇게 정서 교류가 안 되는 집들이 의외로 많다. 그래서 집에서의 소통은 고통이라며 말하는 분들도 많다.

상담에도 그런 호소를 하러 오시는 분들이 많다. 어떤 분은 연인이 자기의 말만 옳고, 생활방식도 매사에 다 트집을 잡아서 힘들다고 했다. 기껏 맞추려고 노력해도 또 다른 것으로 "당신은 왜 그렇게 살아? 이상해. 나니까 당신 같은 사람 만나주지"라며 혀를 찬다는 것이다.

연인을 만나면서 너무 사소한 보고와 연락을 하는 것 때문에 미치겠다고 했다. 자기가 번 돈을 쓰는 것부터, 친구 만나는 것까지 다 보고를 해야 한다는 것이다. 처음엔 이건 아니지 않나 하는 생각도 했지만, 서로 자기개방을 많이 하는 것이 연인이라는 그 사람의 논리의 넘어간 것 같다고 말이다.

연인은 얘기를 듣다가 하나라도 좀 이상한 낌새가 있으면, 자기가 다 토로할 때까지 말싸움한다는 것이다. 안 그러면 투명한 사람이 아니라고, 거짓말을 한다고 의심을 산다는 것이다. 처음엔 실망시키고 싶지 않아서 열심히 했는데 갈수록 통제가 심해졌다고 했다. 자기 카톡의 친구목록에서 누구는 만나고 누구는 삭제하라는 어이없는 얘기를 들었을 때는 '이건 아니지 않나'라는 느낌이 들었다고 했다.

자꾸 연인에게 맞추다 보니 가족과도 관계가 소원해 지고 친구들과도 만나면 이젠 좀 어색해졌다고 했다. 제일 화가 나는 건 자기는 이렇게 사는데 연인은 자기 친구들도 다 만나고 가족관계도 다 하고 산다는 거다.

이렇게 글로 읽으면, '설마 그런 바보 같은 사람들이 있어?' 하고 생각이 들지도 모르겠다. 그런데 의외로 그런 관계 속에서 힘든 사람들이 많다.

속상한 건 상대방이 자기에게 손해를 엄청 주고, 남에게 얘기하면 다 헤어지라고 말할 거 같아서 어디에도 말을 못한다는 것이다. 왜 그러냐고 물으면, 이 관계를 끊어 버리지 못하는 자기 스스로에게도 제일 화가 난다고 했다. 안 해본 건 아니었다. 헤어지려고 통보도 해봤고 실제로 이별도 했었다. 그런데 연인이 사과하면서 다시 찾아왔고, 자기도 그런 연인을 끊어내지 못하는 것을 봤다.

정말 결혼하면 안 될 사람이라고, 성격적으로 이상한 것 같다고 경험했지만, 이별이 어렵다는 것을 서로 알게 됐단다. 그래서 급기야 자기가 심리적으로 문제가 있어서 이런 것이 아닐까 하는 겁이 난 마음이 들어서 왔다고 했다.

이렇게 관계를 끊어내지 못하고 불편감을 토로하면서도 그 관계를 계속 이어가는 사람들도 관계를 힘들게 하는 사람들의 특징 중 하나다. 그래서 상담을 하면서 이분들의 얘기를 경청해서 자기감정에 접촉하려고 하면, "네. 선생님 맞아요. 그래요. 그래야 할 것 같아요. 그런데 말이에요"

라고 다른 화제로 돌리려고 한다.

자기의 그 감정을 그대로 만나기가 두려우니까 함께 서로 붙잡고 불평불만을 하며 서로의 그 불편감을 해소하려고 하고 있다.

난 그래서 뒤에서 남 욕하는 사람도 이젠 피곤해서 그 자리를 피하는 편이다. 내가 듣고 싶지도 않고 하고 싶지도 않은 어떤 사람의 부정적 평가를 굳이 내 귀한 시간에 해야 하나 하는 이기적인 마음이 들어서다.

지금까지 관계를 힘들게 하는 사람들의 특징에 관해 얘기해봤다. 나는 어떤 생각을 가지든 상관없는데 그것을 대화하기가 어려운 사람, 자기감정을 모르는 사람, 타인을 조정하려는 사람, 자기만 옳다는 사람, 만나면 남 욕하고 불평만 하면서도 그 관계를 끊지 못하는 사람은 아직도 관계하기가 불편하다. 굳이 그래야 하는가? 내 시간도 소중하고 내 인생에 누릴 것이 많은데, 그런 사람들과 관계하면서 시간을 낭비하고 싶지 않다.

3장

감정만 알아도 관계를 바꿀 수 있다

감정이 오늘의 태도가
되지 말게 하자

　나는 오늘 기업상담 특강이 있다. 저녁 7시인데 무엇을 말하고 싶은지 지금 카페에서 기다리고 있다.

　아까 산책을 하면서도 떠오르길 바랐다. 그런데 아직 뚜렷한 어떤 것이 없다. 난 이렇게 내가 말하고 싶은 것이 있을 때, 강의가 잘 되기 때문에 기다리고 찾는 버릇이 있다.

　강의 내용과 교육생을 생각하며, 그래서 내가 이 시간에 꼭 전하고자 하는 메시지가 무엇인지 한 줄로 정리되길 기다린다. 그렇게 내 마음에 떠오르길 기다리면서, 화상으로 벌써 3명의 상담을 마쳤다.

　코로나 이후로 해외에 있든, 지방에 계시든 실시간으로 이렇게 개인상담과 지도가 가능하다. 다행이다. 나처럼 개방성 높고, 호기심 많은 사람은 이렇게 다양성이 있는 삶을 만나는 것이 좋다.

　요즘 인플레이션 우려로 세계 증시 및 국내 증시가 바닥이라고 연일 뉴스에서 힘들다는 기사가 많다. 자연처럼 모든 것이 이렇게 유기체처럼 움직이는 것 같다는 생각이 들었다.

마음도 감정의 굴곡이 있듯이, 주가도 자연도 이렇게 업(Up), 다운(Down)이 있는 것 같다. 안 그래도 태풍이 오늘 아침 지나갔다. 저번에 비가 많이 왔을 때, 강남의 도로가 물바다가 됐다. 내가 상담하는 내담자의 회사도 엄청난 재산 피해를 입었다고 했다. 다행히 인명피해는 없었다고 안도하는 그를 보며, 나도 뉴스를 보면서 시민들 안위가 걱정됐었다.

누가 상상이라도 했을까? 강남 한복판에 장마로 인해 이런 일이 생길지. 나처럼 사람들도 뉴스를 보면서도 믿기지 않았다고 했다. 그 비싼 땅에 살아도 이렇게 피할 수 없는 자연재해 앞에서는 누구나 피해자가 될 수 있구나.

마음도 이렇다. 남이 보기엔 다 가진 사람도 마음은 편치 않고 힘들 수 있다.

아무리 객관적으로 괜찮아도, 주관적으로 심리적으로 불편하고 힘든 건 힘든 거다. 그래서 말하고 싶다. 마음은 타인과 비교할 수 없는 건데 우린 자꾸만 이것도 비교한다.

타인이 보이는 모습을 보고 '그 사람은 그럴 것이다'라고 하는 것이, 어쩌면 우리의 착각일 수도 있다. 우리가 그 사람에 대해 자세히 모르거나 못 본 것이 많을 것이다.

누군가 웃고 있으면 다 좋아 보이는가?

거짓 웃음으로 힘든 사람을 상담해 보면 안쓰럽기까지 하다. 그의 속내를 알면 그렇게 말할 수가 없기에.

내가 아는 지인도 참 잘 웃는다. 사람들은 그에게 참 좋은 사람인 거 같다고, 선하게 생겼다고 말한다. 나도 처음엔 그런 줄 알았었다. 그런데 나는 안다. 그가 얼마나 화가 많은지, 얼마나 감정 기복이 심한지 말이다.

그는 자기 기분이 상했다는 것을 다양한 방식으로 드러낸다. 운전하다가 누가 끼어들거나, 방해받으면 어김없이 혀를 차거나, 욕설이 튀어나온다고 했다.

집 안에서도 가족들이 자기가 원하는 말이나 태도로 대하지 않으면, 밥을 먹다가도 그릇을 싱크대에 던진 적이 있다고 했다. 소리만 탁탁 나게 해서 겁을 주려 했는데, 그릇이나 컵이 깨진 적도 여러 번이라 했다.

어쩔 땐 그 소리에 가족들이 깜짝 놀라 어깨를 들썩이거나, 아이의 눈이 동그랗게 커진 모습도 봤다고 했다. 가족들이 그렇게 좀 하지 말라고 놀랐다고 피드백해도 막상 기분이 상하면 아무것도 떠오르지 않는다고, 멈출 수 없다고 했다. 아무 소용이 없었다고 말이다.

그 순간 자기는 '기분 나빠졌다, 내 기분 상했다'에 꽂혀서 다른 것은 생각할 수 없다고 했다. 그래서 항상 "왜 내 기분을 상하게 해? 왜 가만히 있는 사람 건드냐고?"가 가족들과 팽팽하게 싸우는 지점이었다.

그래서 가족들이 자기가 그렇게 건들지 말라고 했는데, 왜 건드는지 모르겠다고 하소연했다. 아무리 말을 해도 자꾸 반복된다고. 자기는 멀쩡하게 잘 있었는데, 꼭 자기의 기분을 건드려서 순간 자기를 욱하게 만든다는 것이다. 가만히 두면 되는데 왜 자기를 가만히 두지 못하는지 모르겠다고 말이다.

너무 화를 주체 못 할 때는 물건을 던지거나 벽을 치기도 했고, 아이를 때리기도 했다고. 그럴 땐 자기도 도저히 참지 못하겠다는 감정 반응을 하고서는 시간이 좀 지나면 죄책감이 든다고 했다. 그래서 오히려 그런 일이 있고 나면 가족들을 더욱 살뜰히 챙겨서 애들이 '츤데레' 같다고 했단다.

얘기를 쭉 듣다가 내가 물었다.

"밖에서는 그러면 왜 그렇게 잘 참고, 잘 웃어?"

그는 웃으며 대답했다.

"사회생활이니까 그냥 그렇게 해야 하니까 한다"

그래서 내가 다시 물었다.

"가족들한테는 왜 그렇게 하면 안 된다고 생각해?"

그가 갑자기 조용하다. 대답을 생각해보는 듯했다. 한참 후, 대답하기를 가족이니까 좀 자기를 받아주면 좋겠다고. 밖에서 종일 힘들었는데 집에서까지 어떻게 그렇게 하고 사냐고 말이다.

그날 그에게는 다 말 못했다. 그냥 대화로 한 얘기를 상담하듯 하면, 그도 당황스러울 것 같았다. 또, 나도 그런 만남에서 그냥 지인으로 있고 싶지, 상담자 역할을 하고 싶지는 않다. 이 글을 대신해서 그에게 감정에 대해 얘기해주고 싶다.

감정이란 우리를 힘들게 하려고 고통을 주기 위해 있는 것이 아니다. 내가 읽은 의식성장 책들에선 우리는 여러 차원의 의식이 동시에 존재하는 다차원적 존재라고도 한다. 이것을 다른 말로 하면, '나는 늘 나의 근원과 연결돼있는 존재'라고 말할 수 있다.

내가 명상을 해서 이런 소리를 하는 것이 아니라, 여기에서의 근원은 저마다 믿는 것에 따라 다른 명칭으로 부를 수 있다. 의식성장 책들을 보면, 상위자아, 내면 존재, 진정한 자신, 내 안의 신성, 순수의식, 영혼 등 무엇이라 부르든, 우리에게는 우리 자신을 기억하고 있는 더 큰 의식이 있다는 것이다.

그래서 나의 진정한 상태인 근원과의 연결이 틀어지면 이 감정을 통해서 그것을 알 수 있게 되는 것이다. 왜냐하면, 이 의식이 존재하는 상태는 늘 조건 없는 사랑, 기쁨, 자유, 평온과 같은 것이다.

누구나 자기의 내면 존재가 느끼는 이 상태가 자기에게도 가장 자연스러운 상태다. 이러한 자연스러운 상태를 이탈하게 될 때, 우리는 반드시 부정적인 감정을 느끼게 돼 있다.

그래서 감정이 우리에게 하는 역할은 안내자와 같은 거다. 내가 지금 얼마나 나의 자연스러운 이 상태를 이탈했는지 알려주는 알람일 수도 있다. 특히, 부정적인 감정은 '지금 나는 진정한 내 상태가 아니다. 나의 내면을 살펴서 그것을 알아보라'고 싸인 주는 내면의 신호를 주는 것이다.

어떻게 보면, 감정은 항상 내가 어떤 존재 상태로 있는지 자동으로 알려주는 선천적으로 내장된 피드백 시스템이라고 말하는 사람도 있다.

우리가 경험하는 부정적인 감정은 우리가 어떤 대상, 상황, 자신 등에 대해서 부정적인 평가를 할 때고. 이 평가는 부정적 믿음에서 나오는 것이다.

여기에서 말하는 부정적이란 나쁘다는 의미가 아니다. 분리, 저항, 위축과 같은 에너지 상태를 말하는 것이다. 내가 믿는 것과 내면 존재가 나의 믿음에 동의하지 않을 때, 나는 불편한 감정이나 고통을 느끼게 되는 것이다.

내게 어떤 감정이 일어난다면, 그것은 반드시 그 상황이나 대상에 대한 믿음과 정의에서 온 것이다. 그 믿음이란 주어진 상황에 대한 해석이나 판단을 말한다. 이 해석에서 감정이 일어난다. 이렇게 일어난 감정은 그 감정을 정당화시킬 생각을 일으키고, 그 생각은 다시 감정을 일으키거나 행동을 하게 하는 것이다.

어떤 상황도 그 안에 자동으로 들어있는 의미는 없다. 거기에 대한 의미는 늘 나 자신이 주는 것으로 어떤 대상의 의도와도 상관이 없다. 상대의 의도가 나를 화나게 하는 것이라면, 나는 이것을 인식할 수는 있다. 그러나 내가 상대가 주는 의미에 동의하지 않으면, 이 상황은 내게 아무 영향도 끼치지 않게 된다.

믿음이 다른 사람들은 같은 상황에서도 각각 다른 감정을 가지는 것이고, 다른 반응을 보이는 것이 이래서 그렇다. 그러니 당신의 감정이 올라왔다면, 솔직하게 인정하고 느껴라. 그것을 다른 이에 부정적 감정으로 던진다고 당신의 그 감정이 해소되지 않는다. 이것이 감정이 태도가 되지 말아야 하는 이유다.

감정은
자기 내면의 신호다

　그녀는 곧 50대로 안정된 회사에 소속돼 있는 전문가다. 자기만의 스타일로 강의와 자문을 통한 수입도 많아서 후배들로부터 모델링하고 싶은 선배라는 말을 많이 듣는다고 했다. 상담실에서 만난 그녀는 자기 생각이나 느낌을 솔직하고 당당하게 말했다.

　때때로 아이처럼 웃거나 재치 있게 답변해서 상담사도 웃게 할 정도로 여유가 있고 자신이 있어 보였다. 그 밝은 느낌의 이미지가 그녀의 트레이드마크처럼 보였다. 실제로도 주변 타인들의 무너진 마음을 세워주기 위해 노력했던 그녀가 자신이 상담하러 간다는 것이 많은 고민이 됐다고 했다.

　그녀는 늘 자신의 속마음에서는 '아 오늘도 망했다. 나는 역시 남들처럼, 남들만큼 할 수 없구나'를 깨닫는 순간이 많다고 했다. 그럴 때면, 속으로 '또 올 것이 왔네'라며 그 익숙한 좌절감과 아무것도 하기 싫은 무기력에 혼자 조용히 있게 된다고 했다. 너무 오래 자주 느껴왔던 감정이라 누워있는 거 말고 특별히 해결책이 없을 거 같은데 심리전문가는 뭐라고 하나 궁금했다고 했다.

이는 그녀만이 아닌 많은 분이 하고 계신 물음이고 고민이라 생각한다. 저마다 그 나이에 맞는 역할을 하면서 잘살고 있는 것처럼 보이는 평범한 삶을 살아가는 사람들의 고민이기도 하기 때문이다.

학창 시절에 보면, 선생님들이 예뻐하거나 관심 두는 대상은 아예 공부를 잘하거나 아니면 아예 뭐든 특출나게 잘하는 게 있는 아이들(예를 들면, 노래나 춤, 운동 등)과 마지막으로 문제를 일으키는 날라리들이다.

지금부터 하는 얘기는, 소위 그 반에 있으나 존재감 없이 번호로만 불리면서 평범한 일상을 살아내느라 속으론 꾸역꾸역 노력해왔던 사람들의 얘기다. 그녀의 얘기로 당신의 감정을 지금 여기서 만나보자.

그대로(상담자) : 당신은 어떨 때 망했다는 생각이 드시나요?

그녀 : 제가 책 쓴다고 몇 분과 함께하는 모임이 있거든요. 주마다 과제를 내고, 그러면 그것에 대해 출판사 편집장님과 다 같이 회의처럼 만나거든요. 그런 얘기가 오가는 속에서 저는 속으로 그런 느낌을 받는 거예요.

그대로(상담자) : 네, 그렇군요. 당신은 그때 그 순간 누가 누구에게 하는 말을 들으면서 그 느낌을 경험하나요?

그녀 : 분위기예요. 지금 선생님의 질문을 들으니 떠오르는데, 편집장님이랑 거기 다른 분이랑 과제의 완성도를 얘기할 때요.

그대로(상담자) : 그럴 때 당신은 무엇을 경험하나요?

그녀 : 저는 부끄럽고 기분이 다운되지만 그렇게 보이지 않으려고 웃어요. '괜히 했다. 내가 낄 곳이 아닌데 여기에 있나? 망했다, 또' 머리로는 알거든요. 이러면서 배우고 익히고 나날이 나아지는 거라고. 누구나 모든 걸 한 번에 다 잘할 수 없다는 거.

그대로(상담자) : 그래요. 당신의 생각에 따라 기분이 달라지기도 한다는 좋은 통찰이세요. 좋아요. 그럼 지금 한 번 망했다는 그 느낌에 그대로 함께 머물러 봐요. 심리 관련 책들 보면, 정서 접촉, 감정수용 이런 말들 많이 나오잖아요. 책으로 읽을 때는 '맞아, 알겠어' 하지만 실제론 어떻게 하는지 모르겠는 그거. 감정 수용하는 과정을 직접 저와 함께 체험해볼 거예요. 지금 당신의 마음에 제가 하는 말을 그대로 해주세요.

그녀 : 네.

그대로(상담자) : 그저 마음속으로 '나는 지금 내 감정을 있는 그대로 느끼고 수용하기로 허용한다'라고 생각하고, 그대로 당신의 의식과 의도를 호흡이 들고 나는 그 가슴에 두고 몸의 반응을 관찰합니다. 어디에서 불편감이 느껴지나요?

그녀 : 가슴에 뭔가 조여오는 묵직한 느낌이 들어요. 그런데 여기(명치쪽을 가리키며)가 지금 콩닥콩닥 여기가 빨리 뛰어요.

그대로(상담자) : 네, 콩닥콩닥하는 그곳 명치 쪽을 당신의 의식과 의도를 두고 그대로 지켜보세요. 그렇게 지켜본다는 것은 몸은 당신의 감정을 그대로 느끼고 있는 거예요. 어떤 생각이 오가던 생각도 그냥 두세요. 그러면서 몸의 반응으로 하는 그 감정을 그저 바라보세요. 그러면서 올라오는 말을, 하고 싶은 말을 그냥 해보세요.

그녀 : 두려워요. 사람들이 제가 별 볼 일 없다는 걸 알까 봐요. 별거 아니라는 듯이, 그냥 지나칠까 봐.

그대로(상담자) : 네, 좋아요. 그렇게 속에서 올라오는 말을 있는 그대로 해보세요. 누구도 몰라요. 당신의 마음을 그저 당신이 하고픈 말을 그대로 해보세요.

그녀 : (흐느끼며) 내가 제일 못하는 것 같아서 피하고 싶어. 해도 남들만큼 못할 거 같아서 안 하고 싶어. 그냥 애쓰는 거, 노력하는 거, 이젠 그만하고 쉬고 싶어. 힘들어. 지쳤어.

그대로(상담자) : 그래요, 그렇게 힘들고 지쳤군요. 그 마음 그대로 인정해주세요. 그래, 두렵구나! 못할까 봐, 남들처럼 못해낼까 봐 걱정이구나, 불안하구나. 그래, 내가 알아줄게, 느껴줄 게, 이 마음. 매번 이렇게 살아가야 하는 것이 힘들고 지치는구나. (내담자 갑자기 통곡하듯 운다)

그대로(상담자) : 그래요. 당신은 어느 순간, 사람들의 어떤 분위기를 볼 때 그런 경험을 하나요?

그녀 : 저를 제외하고 사람들끼리 웃을 때요. 그러면서 저와는 그것이 공유되지 않는 느낌이 들 때 그래요. 저만 혼자 버려진 느낌인지 너무 초라하고 어색해요.

그대로(상담자) : 그렇군요. 그럴 때 혼자 버려지는 느낌이 드는군요. 지금 이 얘기를 하시면서 떠오르는 이미지나 에피소드가 있으면, 그대로 말해주시겠어요?

그녀 : 어렸을 때 고모들이 그랬어요. 엄마, 아빠는 일하러 갔고 할머니는 항상 저랑 나이 차이가 별로 안 나는 고모들만 예뻐했어요. 시장에 다녀오면, 고모들이랑 그렇게 웃으면서 뭘 먹어. 자기들끼리, 특유의 웃음소리, 눈짓 표정으로 주고받는 것을 저는 다 알거든요.

그대로(상담자) : 그렇군요. 그 아이는 몇 살인가요?

그녀 : 한 7살에서 9살 같아요.

그대로(상담자) : 할머니와 고모들이 그렇게 할 때 그 아이는 어떻게 하나요?

그녀 : 알지만 모른척하며 엄마가 오기만을 기다려요. 동생이랑 놀아주든가. 아니면, 혼자 방에 가요.

그대로(상담자) : 그 아이 마음을 그대로 느껴주세요. 어떤가요?

그녀 : 외로워요. 화나요. 어른들이 너무해요. 나도 보살펴 주지. 나도 봐주지. 내가 불쌍해요.

그대로(상담자) : 그런 감정이 있었군요. 그래서 지금도 사람들끼리 친밀하게 주고받는 어떤 상황에서 당신이 뭔가 그 친밀함에 함께 있지 않다고 생각되거나 느낄 때 몸이 자동으로 반응하고 있군요. 저절로 멀어지고 버려지는 느낌을 말이에요.

그렇다. 그녀는 어렸을 때 엄마가 없는 곳에서 타인들이 서로 친밀감을 표현할 때, 그 상황에 있으면 자신의 존재는 부끄럽다고 여겼다. 남들이 다 있는 친밀한 존재가 자신 곁에는 없다는 것이 자신은 그렇게 가치 있는 존재가 아니라고 생각했다. 그게 왜곡된 생각인지도 몰랐다.

또, 그때의 그 부러움과 부끄러움, 서러움이란 감정들 그 아래에는 왜 자신은 따뜻하게 보살펴 주지 않는가에 대한 화와 분노가 있었다. 그 감정의 위계 속에 가장 깊은 곳에는 이렇게 슬픔이 자리 잡고 있는지도 몰랐다. 그녀도 이런 장면이 갑자기 지금 왜 떠올랐으며, 글쓰기 얘기를 하다가 어린 시절 이 이미지와 감정을 이렇게 만나리라곤 생각도 못 했다. 그녀는 어린 시절 떠오르는 기억이 별로 없다고 했었기에 더욱 놀라워했다. 한 번도 떠올려 본 적 없는 장면이 떠오르면서 그때의 그 꼬마의 마음을 느꼈다.

어린 시절에 억누른 감정, 억압된 감정은 이렇게 몸에 각인돼 있다. 그래서 어른이 된 일상에서도 그와 비슷한 상황에서 같은 정서 경험을 한다. 도저히 머리로 이해할 수 없겠지만, 감정은 이렇게 반응하고 올라오는 것이다. 20년 이상 감정과 감성 지능(Emotion Intelligence)을 연구해온 예일대 감성 지능 센터장 마크 브래킷은 감정의 발견에서 '감정은 무시해서도 억눌러서도 안 된다'라고 했다. 자신의 감정을 마주하는 것이 자신의 내면을 돌보는 신호다.

나는 오늘도 "상담에서 실컷 울었는데, 얼굴은 맑아지고 마음은 한결 가벼워졌다"라며 나가는 그녀를 보낸다.

감정을 알면
상대와의 관계가 편해진다

나는 쉬는 날이나 수퍼비전을 하기 위해 집중해야 하는 날은 헤이리 시네마에 간다. 넓고 잔잔한 클래식이나 재즈 음악이 나와서 조용하니 편하다. 헤이리 카페의 맛 좋은 커피와 쫄깃한 올리브 치아바타 빵은 덤이다.

때때로 시간적 여유가 있을 때, 독립영화관에서 혼자 국내나 해외 독립영화를 보는 것도 힐링 선물 같다. 또 쉬는 시간에 자연을 벗 삼아 헤이리 골목들을 혼자 누비며 산책하는 것도 좋다. 어쩔 땐 '이러려고 내가 아무 연고 없는 곳에 집을 짓고 살게 됐나 보다'라고 생각하기도 한다. 인연 따라 마음 따라 흘러서 서울 토박이가 산 아래 집을 짓고 살고 있다.

일상에서 내 마음을 들여다보면, 순간순간 정말 생각지도 못한 것들이 떠오르기도 한다. 내가 못 봤던 것들이 갑자기 이렇게 떠올라 '그럴 수도 있었겠구나' 하는 생각들을 해본다.

무슨 이야기인가 하면, 그간 나는 나 자신만 모른 게 아니라 내 가족에 대해서도 투명하게 보질 못했다. 아니 오히려 더 투명하게 보이질 않았다고 하는 게 맞겠다. 너무 이상화해서 보려 했던 거 같다. 그러다 보니 참 많이도 낙담하고 좌절했었다. 그 낙담과 좌절로 힘들었는데, 그럴 때마다 나는 나를 비난하고 자책했었다. 난 이런 부정적이고 불편한 감정을 해소하기 위해서 이 심리상담 공부를 오래 해왔는지도 모르겠다.

나는 그 사람과 7년을 만나 교제하고 결혼했으니 서로를 잘 안다고 생각했다. 그런데 살면서 서로 잘 안다고 착각했다는 걸 알았다. 그렇게 많이 얘기했던 원 가족에 대한 내 마음이나 삶을 어떻게 살고 싶은지에 대한 내 꿈에 대한 것 등.

오랫동안 많이 얘기를 나눴으니 척척 맞을 줄 알았다. 그런데 우린 시간이 갈수록 탁탁 부딪히기만 했다. 이런 내 감정들은 해소하고 싶은 감정이었다. 왜냐하면, 일상에서 너무 자주 올라왔고 그럴 때마다 나는 너무 고통스러웠기 때문이다.

사소하게는, 나는 아침 일찍 일어나 창문을 활짝 열어 환기를 시키는 걸 선호하는 편이다. 그 사람은 일기예보로 황사 정보를 확인한 후, 공기청정기를 종일 타이머로 계속 돌게 해서 공기정화를 하는 것을 좋아한다. 나는 혼자 있을 때면, 이 기계소음이 싫어서 끄곤 한다.

또, 어쩌다 별미로 해 먹는 해물탕을 얼마나 끓일지에 대해서 서로 의견이 달라서 식탁에서 아무 말 없이 먹은 적도 있다.

크게는 아이들 양육과 교육관까지 첨예하게 대립하는 지점들이 있었다. 처음엔 '이 사람이 몰라서 그럴 수도 있겠지' 하면서 바꿔 보려 했고, 가르쳐 주려 했었다. 엄청 노력한 만큼 엄청 아팠다. 또, 내가 무엇이 힘든지,

어떤 게 내게 답답함과 좌절감을 주는지, 화가 나는지에 대해 안 해본 얘기가 없는 것 같다. 그럴 때면, 우린 서로 더 평행선을 두고 팽팽해져 갔다.

지금 생각해 보면, 내가 왜 그렇게까지 같이하려고 했는지 그런 내가 너무 안쓰럽다. 이런 내 마음에는 '좀 내 말 좀 들어주지'란 마음이 있었다. 그리고 함께 '같이 잘하고 살자'는 마음도.

내가 아등바등 살아보려고 하는 노력을 보고, 그 사람은 "뭘 그렇게 억척스럽게 살아. 안달 좀 그만 떨어"라고 말했다.

그럼 나는 "그렇게 게으르게 살아서 어떻게 해. 가장이"라고 대꾸했다. 이렇게 서로에게 말로 보낸 총알만 해도 지금 군대에 가 있는 아들의 군대 탄알창고를 가득 채웠으리만큼 가슴에 가득했다. 가끔 가수 백지영의 노래 '총 맞은 것처럼' 제목처럼 나는 가슴이 아팠고, 눈물이 났다.

그 사람도 그랬을 것이다. 우리가 처음부터 이랬던 것은 아니다. 차라리 크게 싸우더라도 처음부터 서운함을 얘기 나누고 해소하고 살았으면, 이렇게까지 오지 않았을 것이다.

그런데 그 사람이나 나나 참는 편이다. 양가 가족들이 말할 때 소위 착하게 모범적으로 살아온 스타일이다. 그러다 보니 각자는 서로에게 '내가 이렇게 맞추고 있는데, 내가 이렇게 참고 있는데'하고 쌓아 두고 있었다.

그건 싫은 점, 불편한 점, 이해할 수 없는 점, 짜증 나는 점 등 다양한 이름으로 열거될 만큼 늘어만 갔다. 그래서 아주 사소한 일상도 마음 편하게 나눌 수가 없었다. 말하다 보면, 서로 기분이 몹시 상하는 지점이 수백 번 반복되고 나서야 너무 다르다는 것을 인정할 수 있었다.

나는 교육분석을 받으면서 알게 됐다. 난 아직 여전히 그 사람에 대해

선 잘 모르지만, 나에 대해서는 알았다. 더 정확히 말하자면, 내가 그 사람에게 갖는 감정에 대해선 알게 됐다는 것이다. 내가 이렇게 말하기까지 정말 오랜 시간이 들었다. 그래서 수련 생활이 남들보다 더 길었던 이유가 됐을 수도 있겠다.

이런 내 감정 해소를 위해 나는 상담자가 아닌 내담자로 다양한 교육분석과 집단 워크숍에 참석했었다. 정신분석, 게슈탈트, 대상관계, 통합 접근식 상담모형, 불교식, 도 정신치료, 교류분석, 긍정심리학 등 나중에는 최면 치료까지 해봤었다. 어떻게 보면, 굉장히 미련스럽게 집착적으로 공부하고 체험한 것일 수도 있다.

그런데 나는 그때 너무 절실하게 필요했고 알고 싶었다.

그냥 이론 설명만 하는 상담은 필요 없었다. 내 안에서 내가 감지할 수 있는 변화나 깨달음을 얻고, 체험하고 싶었다. 상담을 통해 하나가 편해지면 또 다른 것들이 일상에서 불편감으로 올라왔기에. '내 안에 이런 불편감이 상담으로 해소되지 않으면, 내가 어떻게 사람들을 상담해줄 수 있겠어'라는 생각도 있었기에 매진했다. 그리고 제대로 배우고 싶었다.

각 상담이론 접근방법으로 상담 대가들은 내면의 길을 어떻게 들어가고, 어떤 변화 결과를 끌어내는지 내가 직접 체험해보고 싶었다. 또 그때는 내 안에 불편감을 완전히 해소해야 하는 것으로 생각했었다.

내가 알게 된 것은 이거다. 나는 그 사람을 내가 그려놓은 그림처럼 이상화해 놓고, 왜 내가 생각한 대로 그렇게 하지 않느냐고 아이처럼 계속 재촉했었다.

내가 원하는 사람으로, 내가 원하는 대화방식으로 그렇게 내 앞에 있어주길 바랐다. 내가 한마디 하면, 어렸을 때 내 아버지가 단번에 "안 돼. 하지 마"라고 하는 식이 아니라 "그래 좋네, 같이해볼까?" 하며 다정하게 말해주길 바랐다.

부정적인 말은 내게 어울리지 않는 말이라 생각했고, 내가 싫어하는 말이기도 했다. 나의 말에 그 사람이 하는 핀잔이나 부정적 피드백에 늘 나의 억누른 감정이 올라왔다. 속으론 그렇게 될까 봐 내가 내심 참 두려웠던 거 같다. 내 안의 불안이 올라오기도 했고, 나를 거부하고 거절하는 말로도 들렸다.

나는 내 안의 불안을 조용하게 해줄 따뜻한 말을 기대했었나 보다. 또 나를 핀잔이나 무안 주지 않고 모자라도 있는 그대로 수용 받길 원했나 보다. 이런 나의 감정을 그대로 인정하고 알아주니까, '그 사람도 나처럼 이런 사람이었을 텐데'하는 마음이 올라왔다.

나는 그래서 그 사람이라고 지칭한다. 그도 나와 같은 사람이다. 원하는 게 있고, 그린 그림이 있는. 내가 그가 원하는 그림의 연기자가 될 수 없듯이 그 또한 내 그림의 연기자가 될 필요가 없다.

이런 나의 감정을 인식하고 알았기에 그 사람에게 갖는 그런 기대들이 예전 같지 않았다. 그러다 보니 나와 다른 생각과 느낌을 말해도 편안하게 그의 생각이나 말을 들을 수 있었다. 그래서 나는 전문가 워크숍이나 부부상담을 할 때, 자신의 감정을 만나는 작업을 깊이 하는 편이다. 자기 감정을 직접 만나면, 타인을 탓할 일이 없다.

마지막으로 덧붙여 말하자면, 부부관계란 평행선을 꼭 붙어 가지 않아도 된다. 나란히 가도 된다. 따로 그 평행선의 자기 길을 자기 보폭과 걸음으로 잘 갈 수 있을 때, 함께도 같이 잘 갈 수 있다고 나는 생각한다.

하루빨리 손절해야 하는
관계 유형

오늘은 한 달에 한 번씩 만나서 하는 평일 트레킹 모임 날이다. 멤버는 다들 상담하는 한국상담심리학회 회원들이고, 평일에 트레킹을 하고자 만난 사람들이다. 나이와 사는 지역은 저마다 다르다. 센터를 운영 중인 분도 계시고, 프리랜서도 있고. 논문 쓰고 있는 분도 있다.

처음 본 선생님 두 분과 함께 경복궁과 청와대 사랑채를 자세히 둘러보며 다녔다. 내가 서울에 40년을 넘게 살았는데, 이렇게 서울을 찬찬히 보면서 감상한 적은 기억이 안 날 정도로 새롭다. '자세히 봐야 예쁘다'는 시인의 말을 실감했다고 할까. 마치 내가 해외여행을 가서 눈으로 가득 담아 가는 여행객처럼 그렇게 보게 됐다.

지난달은 인왕산 작은 산길을 걸으며 다양한 체험을 해볼 수 있어서 좋았다. 내가 좋아하는 윤동주의 서시가 바윗돌에 쓰여 있었고, 그 길 따라 조금 내려가면, 윤동주 전시관이 있었다. 천천히 들러보며 무심히 동굴처럼 해둔 곳에 앉아 윤동주의 삶의 이야기가 상영되는 것도 봤다.

또, 인왕산 길 밑으로 나 있는 작은 민속 전시관도 다 들어가 봤다. 옛 양궁 터에서는 4,000원씩 체험비를 내고 활도 쏴 봤다. 서로 처음 배웠는데도 과녁을 맞히겠다는 일념은 저절로 들었다.

고등학교 수학여행에서 그렇게 단체로 둘러 볼 때는 옛것들이 그렇게 지루하기 짝이 없었는데, 이렇게 트레킹 다니면서 보니까 깨알 같은 글씨도 다 읽게 됐다. 그런 거 보면, 그때는 애들이랑 놀 생각이 먼저였고, 지금은 이 평일에 트레킹을 하고 싶은 이 마음이 먼저니까 그런가 보다.

찻길 따라 있던 탁 트인 숲속 카페의 운치도 참 좋았다. 카페에서 커피를 마시고 가자는 사람과 정해진 밥집에 가서 식사 후 차를 마시자는 사람으로 의견이 나뉘었다. 그러다가 결론은 밥을 먹고 그 근처에 있는 커피숍으로 갔다. 그래서 선생님들과 해산하고 나는 혼자 그 숲 속 작은 카페에 가서 다시 낭만을 떨다가 집으로 왔었다.

오늘은 추워서 산이 아닌 한산한 도시 중심으로 트레킹을 하기로 했다. 경복궁 돌담길을 따라 걸으며, 내가 못 본 우리나라 왕들을 다 봤을 오래된 나무를 봤다. 그 긴 세월을 어떻게 이렇게 잘 지내 왔니, 마음속에 경외감이 들었다. 몇백 년을 살았다는 나무를 보고 또 동시에 세월의 무상함도 느껴졌다.

이 편안함이란 무엇인가? 선생님들에 대해 아는 것이 별로 없는데 편하다. 낯선데도 함께 있는 게 그냥 편안하다. 뭔가 안심이 되고, 어떤 말도 해도 될 것 같은 느낌이다. 서로가 아무 기대가 없어서일까?

그 중 세심하게 트레킹을 이끌어주시는 리더 선생님께서 나를 보고 자기의 40대를 보는 것 같다고 하셨다. 선생님도 나처럼 이렇게 분주하게 열심히 사셨으리라.

그 연세에도 건강함과 소녀다움이 함께 있으신 분. '나도 60대엔 저런 선생님 같은 모습을 하고 있겠지' 싶었다. 순간 마음이 중요하다는 말, 참 많이 했지만 새삼 느낌으로 온다. 고맙다. 많은 예시를 들어 설명하지 않았는데 나는 그냥 선생님의 그 말씀을 알 것 같았고 느껴졌다. 따듯한 온기로 말이다.

처음 트레킹에 나간 날, 난 평소처럼 배낭에 노트북과 과일 도시락을 싸 갔었다.

늘 해외에 있는 사람들 개인 화상상담이나 수퍼비전 자료를 봐야 했고, 언젠가는 내 책을 내고 말겠다는 의지가 있었기에 늘 메고 다닌다. 그러다가 노트북에 다이어리에 끄적이기를 많은 해를 해왔는데, 이렇게 책으로 나간다니 꿈만 같다. 마음먹고 포기만 안 하면 다 되나 보다. 나도 되는 거 보니.

인왕산 자락 모퉁이 길목에서 우린 나의 과일 도시락을 나눠 먹었었다. 다들 한 참 걷다가 먹으니 얼마나 꿀맛이었을까? 그래서 나에 대한 인상이 달리 보인다고들 하셨다.

그렇다고 내가 그날만 특별히 도시락을 싸거나 무엇을 궁리해서 사서 간 건 아니다. 평소 다니던 대로 소풍 나가듯 나간 거다. 점심을 먹고도 저녁까지 중간에 출출할 때, 이 과일 도시락을 난 자연을 감상하며 먹던가, 차에서 음악을 들으며 먹곤 한다. 뭐 인생의 풍류를 난 이 작은 도시락에서 매일 느낀다고 할까.

나처럼 이렇게 혼자 다니며 노는 사람은 이런 관계가 참 편하고 좋은 것 같다. 기대 없이 하고 싶은 것을 같이 하고, 이런저런 자기의 느낌을 있는 그대로 말해도 되는 관계. 헤어지고 나서 '그 사람이 어떻게 생각할까?' 카톡으로 다시 나를 변명하지 않아도 아무 걱정이 없는 관계. 또 '나한테 그런 말을 왜 하셨을까?' 분석하고 헤아리지 않아도 되는 관계. 함께 있으면서 상대방의 기분 상태를 짐작하지 않아도 되는 관계. 또 점심시간에 무엇이 먹고 싶은지 각자 편하게 말해도 되는 관계. 그러면서도 서로 존중하고 있다고 느낄 수 있는 관계. 나이와 소속 때문에 갑과 을을 나눠 행동하지 않아도 되는 그런 관계.

그냥 트레킹 모임이니까 이 활동에 집중한다. 그래서 난 이 평일 트레킹 모임을 놓치지 않고 가려고 한다. 또 어떤 달은 못 간다 해도 나를 소외시킬까, 나만 모르는 일이 생길까, 나만 빼고 다들 더 친해지면 어쩌나 아무 걱정이 일지 않는다.

내가 하루빨리 관계를 정리해야 하는 유형을 말하기 전에 이 트레킹 모임에 대해 길게 말을 하는 이유는 이 관계와 너무 정반대의 경험을 얘기하고자 함이다.

만날 사람은 꼭 만나게 된다는데 필연이었을까?

내가 기업에 있을 때 만난 사람인데, 물론 업무 연관성으로 안 만날 수가 없는 사람들이었다. 몇 년을 함께 일했는데, 만났다는 느낌이나 대화를 해봤다는 생각이 전혀 들지 않는다. 이상하게 이 두 분은 그랬다. 늘 불편했다.

전화하거나 만나서 얘기하면, 찜찜하고 무슨 음모가 또 있으려나 나를 지켜야 했다. 나만 이런가 하고 동료들에게 물었더니, 다들 말하고 싶지 않다고 했다. 그분들은 상담으로 사업을 하시는 분들이다.

기업에 상담서비스를 제공하기도 하고, 상담사를 연결시켜주기도 하고. 그래서 이분들은 기업담당자와 얘기를 나눌 때는 마치 자기가 상담전문가인 것처럼 권리를 얘기한다.

그런데 막상 우리 상담전문가들과 얘기를 할 때는 '나는 자격증이 없으니까' 하고 책임에서 쏙 빠진다. 나도 처음에는 만날 때 속으로 적지 않게 당황했었다. 그리고 이상했었다. '왜 저러고 살까?' 하고 말이다.

많은 상담사가 그 두 사람 때문에 어이없게 퇴사했고, 울면서 인수인계를 해야 했다. 나중에는 그 사람들과 대화할 때는 꼭 녹음하라는 것이 인수인계에 있을 지경이었다.

어떤 선생님은 그 사람들과 마지막 퇴사 날 너무나 큰 모욕감을 겪었다. 그래서 신체적 증상을 오래 겪어서 산재 신청을 하고 싶었다고도 했다.

그들은 금방 탄로 날 뻔한 거짓말을 아주 아무렇지 않게 했다. 또, 언제든지 자기들의 이익을 위해선 우리 상담사들의 명예나 감정은 중요하지 않았다.

나는 그런 사람들에게 끝까지 '그래도 인간인데, 사람인데 양심은 있겠지' 하며 마지막까지 한 가닥의 희망을 가지려 했다. 그녀가 전화로 아무렇지 않게 "내일 12시에 전화할게요. 우리 **에서 점심 같이 먹어요"라고 했던 말이 진심인 줄 알고, 난 시간을 비워두고 기다렸었다. 그런데 지금 손가락으로 세어보니 5년이 지났다. 나는 '죄는 미워하되 사람은 미워하지 말라'라는 말을 그날부터 적용하지 말아야겠다고 다짐했다.

당신이 누군가와 함께 있을 때, 존중받지 못하는 느낌이 든다면, 굳이 좋은 관계가 되려고 노력하지 않았으면 좋겠다. 그런 애를 당신이 아무리 써도 그 사람들은 안 변한다.

차라리 당신이 그런 사람들에게까지 '그래도 나는 참 괜찮은 사람이죠?'라는 인정을 받으려는 그 마음을 들여다보라. 그걸 내려놓는 개선을 해라. 그게 빠르고 효과적이다. 관계 개선 노력을 하지 않는 용기가 필요하다. 관계를 끊을 수 있는 결단이 필요하다.

요즘 연인 관계에서 가스라이팅이 아닌지 묻는 상담이 많은데, 가스라이팅이 연인 관계에서만 있는 것이 아니다. 같이 일하는 상사 부하로 직장 내 괴롭힘으로 나타날 수도 있고, 함께 즐기자고 나간 동호회에서 웃음거리를 만드는 방식으로도 일어날 수가 있다.

나는 멀쩡하고 합리적이라고 하는 사람들이, 남의 퇴사 권고를 웃으며 하는 것도 봤다. 아마 입장을 바꿔 자기가 경험했다면, 엄청 당황스럽고 수치스러웠을 그 일을, 그 사람들은 모른다. 왜냐하면, 일단 자기가 겪는 것이 아니기에, 항상 중심이 자기 생각과 느낌만 우선이고 자기의 손익만 따지며 살기 때문이다. 이런 자기만의 감정만 중요하게 여기는 아직 진짜로 자기감정을 직접 만나거나 수용해본 경험이 없는 사람들이다. 어쩌면 안타까운 사람이다.

당신의 불편한 감정 신호를 존중하라. 맞다, 그것이. 상대방에게 달리 행동할 것을 요청했는데도 완강하게 변명하거나 툭하면 거짓말로 넘어가는 사람이라면, 또는 자기만 옳다는 설명이 길어진다면, 그냥 고민할 것도 없다.

그 관계에서 당신의 존재를 스스로 구하라.

관계 맺고 끊는 것이
내 마음대로 안 되는 이유

결혼식에서 오랜만에 대학원 선생님을 만났다. 너무 오랜만이라 '어떻게 반응할까?' 서로 어색했다. 예전과 다른 우리의 관계를 느끼고 온 터라 이렇게 마음을 적어 놓았나 보다. 함께했던 시간과 줬던 마음만큼, 고통도 크고 오래 가는 것 같다.

결혼식에 갔다 와서…

서로 모르는 상태의 학생이었을 때
무식함을 공유하는 동지였을 때
그때 우린 참 함께 공부하며 행복했었다.
그러다 각자의 자리와 역할을 가지고
소속이 생기고, 욕구가 분명 해지면서

점점 더 멀어졌다. 김광석의 노래 가사처럼.

상담 공부하면 자기의 욕구에 충실해지는 건 당연한 성장인데,

내게 소홀해진 선생님의 그 작은 행동들은 서운했다.

나도 많이 괴로웠다. 아니 슬펐고, 허무했다.

아마 마음은 같을 터인데,

각자가 가진 삶의 숙제들이 아직 남아 있어서 그럴지도 모르겠다.

잊히는 거. 내가 별거 아닌 거. 내가 기억되지 못하는 거.

난 이런 감정을 마주하는 순간을 무서워했다는 걸 이젠 안다. 알아도 그 순간 올라오는 감정을 만날 때마다 당혹스러운 건 여전하다. 이 감정을 어제는 톡톡히 체감했다. 왜냐하면, 공부할 때, 너무 친하다가 멀어진 선생님을 그곳에서 만났기에 더욱 그러했다. 오죽하면 다녀와서 이렇게 어젯밤 일기장에 적어 놓았을까.

내가 전문가 대상 집단상담을 오래 진행해보니, 대학원 공부하면서 급속도로 친하다가 소원해진 경험을 다들 많이 하는 것 같다. 물론, 모두가 그렇다고 일반화하려는 것은 아니다. 다만 이것은 내 경험이고, 내가 들은 이야기일 뿐이다. 대학원 선후배들을 봐도 그렇고, 집단상담에서 하는 얘기를 들어봐도 그렇다.

일부러 돈 내고 참여하는 집단상담에서 자기와 거리감이 있는 사람 얘기를 하지 않는다. 주로 가족이나 친밀하게 지내는 회사 동료나 친구 얘기를 한다. 즉, 단짝으로 다녔던 사람들과의 관계불편감에 관한 얘기를 많이 한다는 것이다. 그러면서 사실 자기 안에 있는 아직 미해결된 심리적

불편감을 호소하는 것이다.

다들 처음부터 서로 호감이 가서 급속도로 친해졌다고 했다. 그러다가 사소하게 쌓인다. 어느 날부터 따로 다니고, 다른 무리에서 있다. 그렇게 갑자기 친밀해져서 단짝처럼 다니다가, 어느 날 떨어져 다니니까 티가 더 금방 난다. 그런데 이런 관계 패턴은 다만 나만 경험했던 관계였을까 싶다.

그 선생님과 나는, 내가 박사과정을 다시 복귀하면서 만났다. 나는 기업에서 일하느라 박사를 입학하고, 바로 휴학을 했었다. 지금도 또렷하게 기억난다. 내가 가족상담 수업에서 발표를 마치고 수업을 마친 후였다.

그 선생님이 수첩인지 메모지인지 들고 와서 수줍은 듯 다가와서 내게 말을 건넸다.

"선생님은 어떻게 기업상담자가 됐어요? 저는 몇 학기에 00이에요."

그렇게 자연스럽게 얘기하며 자기도 기업상담에 관심이 있다고, 내 발표에 대한 긍정적 피드백도 잊지 않고 해줬다. 나는 박사과정을 입학하자마자 바로 휴학한 상태라 아는 사람도 없고, 동기가 누구인지도 몰랐다. 그런데 그 선생님께서 그렇게 다가와서 얘기해주니까 너무 좋았다.

얘기를 나눠보니 통하는 점도 많았다. 물 만난 물고기처럼 우린 바로 배꼽시계로 점심을 먹으러 갔었다. 그날부터 우린 친해졌다. 박사과정에 입학했지만 아는 게 없다, 모르는 게 많다, 아는 사람이 없다 등 부족한 것으로 서로 공통점이 너무 많았다. 얼마나 솔직하게 자기의 모자람 들을 꺼내 놓았던지.

지금 생각해 보니, 서로의 불안과 호기심, 외로움이 범벅돼 갑자기 한번에 조화를 이룬 합창단처럼 잘 맞았다. 함께 수업을 신청하고 자리를 맡아주고, 과제에 대해 공유하고. 학교에서 그렇게 얘기를 많이 나누고 같이 수업을 들었는데도 집에 가면, 또 전화통화를 했다. 학창시절 단짝을 만난 소녀처럼 늘 웃음이 떠나질 않았다. 참 친밀했고, 재미있게 공부하고 수련했었다.

그래서 나는 내가 받고 싶은 사랑의 방식으로 그 선생님을 살뜰하게 챙겼다. 내 주변의 좋은 사람들을 소개시켜 주고, 교수님께도 선생님을 당당하게 추천하고. 모든 것을 공유했다고 해도 과언이 아닐 만큼 나눴다.

내가 생각하는 좋은 관계란 그렇게 함께하는 것으로 생각했고, 내게 좋은 사람이면 서로가 알아도 좋을 것으로 생각했고. 그 선생님은 내 주변에 좋은 사람이 많다고 많이 말했다. 또, 선생님이 지난날 관계에서 여러 불편했던 얘기도 하신 터라, 나의 좋은 사람들을 아낌없이 소개했다.

그 선생님을 가족처럼 챙겼다. 뭐랄까 충성을 다하는 느낌, 단 한 사람에게. 그래서 그 선생님도 당연히 나를 그렇게 생각한다고 여겼다. 또 처음엔 그렇게 보였고 느껴졌다. 그 선생님도 나를 그런 단 한 사람이라고 매번 얘기했었다. 나는 그 마음이 그 태도가 변하지 않기를 바랐었나 보다. 왜냐하면, 그게 내가 받고 싶은 사랑이고 보살핌이었기 때문이다.

관계 속에서 결국엔 자기가 받고 싶은 사랑을 준다고 하지 않는가? 내가 꼭 그랬다. 그러다 보니 그 선생님이 고민이 있어서 전화하면, 나는 마치 내 일인 양 함께 고민을 해결하려고 했다.

사실 나도 남의 일을 내 일처럼 고민하느라 여러 신경을 쓰며 대답이나 대처를 했었다. 내 일이었으면, 그냥 대강 했거나 하지 않았을 고민을 그 선생님이 물어보면 알아보고 고심했다. 소중한 사람이니까.

나중에 선생님께서 말씀하시길 그것이 불편했다고 했다. 그럼 진작 좀 말해주시지. 나도 그러느라 힘들었는데 말이다. 다 받고 지나고 나서 말하니까 나는 이용당한 느낌이었다. 선생님 말씀으로는 그런 말을 하면 내가 떠날까 봐 겁이 나고 용기가 안 났다고 했다. 선생님도 그런 마음이었구나. 혼자 남겨질까 봐, 혼자 버려지는 느낌이 두려웠구나. 나도 그 선생님의 단 한 사람이 되려고 한 게, 그렇게라도 해서 꼭 함께 있고 싶었기 때문이다.

혼자 하는 게 불안했고, 두려웠기에 함께이고 싶었다. 우린 이 두려움을 함께 붙들고 있었다. 혼자 못 할 거 같은 두려움, 혼자 못 있을 거 같은 무서움. 그땐 우린 각자 이 두려움을 맞을 준비가 되지 않은 상태였다. 그래서 그렇게 급속도로 친밀해져서 이 불안을 함께 나눴던 것 같다.

혼자는 겸연쩍고 외로운데, 왠지 누군가 함께 있는 것만으로도 든든하고 힘이 나는 거. 그래서 내가 무엇을 해도 지지해줄 것 같은 내 사람.

이젠 말할 수 있다. 그 소중했던 선생님 덕분에 나는 비로소 이 혼자라는 두려움, 버려질지도 모른다는 불안을 들여다볼 수 있었다. 정면으로 직면할 수 있었다. 어쩌면, 이 감정을 경험하기 위해 만날 수밖에 없었던 관계였는지도 모른다. 그런 존재가 그 선생님이었다는 것이 지금 나는 참 다행스럽고 고맙다. 우린 서로 각자의 성장통을 주는 주삿바늘이었다. 서로 아꼈었고, 아이처럼 좋아하며 순수한 그 마음도 함께 했었던 추억들도 소중하다.

그동안 계속 버려지는 느낌을 받기 싫어서 내가 미리 버렸던 관계들을 보는 시간이었다. 누군가에게 도움이 돼야만 내가 안전하게 존재할 수 있을 것 같은 그 압박감을 이젠 벗어 낼 수 있었다.

혼자 나에게 하면 되는 것을 바랐었음을 알았다. 내가 이 감정을 마주했을 때, 나는 오랜 시간 아팠지만, 그 속에서 내 안의 나를 만났다. 나는 자유로움을 경험했다. 이젠 때때로 이 혼자 있음을 선택하고, 마주하고자 한다. 홀가분하고 사랑으로 가득한 느낌, 들뜨지 않으면서 고요한 이 마음이면 어디이든, 누구랑 있던 나는 평온함을 느낀다.

많이 애쓰지 않고 있는 그대로 나를 보여줬을 때, 서로 수용 가능한 관계. 나의 어떤 능력을 더 증명하지 않아도 함께 웃고, 나의 뒷담화도 할 수 있는 그런 관계를.

나로부터 시작하리라.

혼자 시간을
보내는 게 힘든가요?

내 안에는 때때로 찾아오는 외로움이란 친구가 있다. 누구도 달래 줄 수 없는 이 까다로운 친구는 불쑥불쑥 노크도 없이 온다. 어쩔 땐 이 외로움은 밖으로 툭 튀어나와서 내 표정에도 고스란히 드러난다.

그러면 이젠, 나는 '왔구나, 네가' 하고 속으로 인사한다. 너무 익숙한 느낌이다. 내가 그 친구를 알아봐 준다. 그리고는 외로움이 질릴 때까지 함께 있어 준다. 그저 그렇게 함께 머물러있다 보면, 인사도 없이 가는 그 친구. 외로움.

예전엔 이 외로움을 혼자 마주할 자신이 없었다. 아니 어떻게 하는지도 몰랐다. 그럴 때면, 내 말을 잘 들어주는 친구에게 전화해서 내 상태를 설명하곤 했다. 그러면, 좀 잠시 잊기도 하고 덜 하는 것도 같고 그렇게 빨리 지나가길 바라는 감정이었다.

무서웠다. 내가 외롭다는 거, 혼자라고 느끼는 거를 그대로 마주한다는 게. 나한테는 무척 큰 두려움이었다. 그래서 어릴 때부터 난 그렇게 엄마의 눈을 찾아, 내 옆에 꼭 있어 주길 바랐는지도 모르겠다. 그래서 그렇게 단짝 친구와 뭐든 함께하려 하고, 충성을 다했는지도 모르겠다.

결혼 전에는 아빠, 엄마, 동생과 함께 행복하려고 했고, 결혼해서는 시댁 가족들과 아들, 딸과도 그저 함께 행복하고자 했다. 눈이 오는 날이면, 아이들과 밤이라도 나가서 함께 눈사람을 만들었고. 단풍이 질 때면, 동네 도서관을 찻길로 안 가고, 일부러 산길로 가면서 단풍 밟는 소리를 함께 들었다. 단풍담요로 풍성해진 낮은 언덕을 일곱 살 아들과 네 살 딸아이를 데굴데굴 구르게 하면서 한참 깔깔깔 웃는 엄마였다. 그렇게 난 곁에 있어 주려 했다.

왜냐하면, 난 어릴 때 혼자 놀면서 구름이랑 대화하고, 새들이랑 수다를 떨면서, 엄마랑 함께 노는 상상을 했었다. 그러다 보니, 내 아이들이 태어나서 자라는 유아기 동안 난 그렇게 함께 놀았다. 내가 너무 하고 싶었던 어렸을 때 엄마와의 놀이를 내 아이들과 담뿍했다. 마치 그 순간들은 나도 정말 재미있었다.

또, 내 직장도 아이들 발달 시기에 맞춰 가장 적합한 것을 고려해 이직했다. 아이들이 유아기 때는 함께하는 시간이 많으면 좋을 것 같아서 대학교에 있는 학생생활 상담실에 있었다. 방학도 있고 출퇴근도 아이들 유치원에 데려다주고 출근할 수 있었기 때문이다. 항상 아이들을 우선으로 고려했다. 내가 느꼈던 그 혼자인 느낌, 외로움이 번져서 서러움이 되지 않도록 나는 내 잠을 줄였다. 아이들을 재우고 석사, 박사 과제를 했고, 수퍼비전이라도 받아야 하는 날은 날밤을 새워서 했다. 내 불편을 뒤로하고. 그렇게 함께 행복하기 위해 나를 던졌다. 그러면서 기대했었던 것 같다. 가족도 이런 내 마음과 함께하기를. 이런 나를 알아주기를.

그런데 누가 알아준다고 해도, 해소될 수 없는 외로움이었다. 나의 그 자리를 누구도 함께할 수 없다는 것을 이젠 안다. 그저 내가 경험하고, 느껴야 할 감정이었다.

있는 그대로의 나를 사랑합니다.
이렇게 말하기까지 참 많은 시간을
마음의 고통 속에 있었습니다.
사랑받고 싶어서 나의 것을 다 내어 주고도
받지 못해 가슴 아팠던 날도 많았습니다.
사랑을 주고 싶었지만 줄 수 없어서
나 자신을 미워했던 마음도 있었습니다.
나는 이제야 깨달았습니다.
사랑은 바로 나란 걸.
이젠 이런 나의 일상을 느끼고 생각한 대로
적어나가려 합니다.

〈출처 : 존재의 기록 : https://m.blog.naver.com/huckley〉

그 감정을 만나고 수용하는 과정에서 난 참 많은 눈물을 흘렸던 것 같다. 2022년, 작년 크리스마스 일기에는 이렇게 적어 놓았다.

크리스마스에…, 2022년 12월 25일

명절이고 크리스마스고 이젠 내게 어떤 특별한 느낌이나 의미가 없다. 휴일이 좀 연달아 있어서, 좀 맘 편히 쉬니까 좋은 그런 느낌이다. 그렇다고 이것이 이상하거나 슬프거나 속상한 일은 아니다. 오히려 뭔가 특별히 더 해야 한다는 부담이 있었던, 지난날들이 힘들었던 것 같다. 선물을 사야 할 것 같고, 뭔가를 해야 할 것만 같아서. 그걸 해결하느라 머리가 지끈했던 기억들이 떠오른다.

오늘은 문득 고등시절 내 모습이 떠오른다. 그때도 애늙은이처럼 '인생이 고통이다'로 여겼던 터라, 고진감래(苦盡甘來)가 인생철학이었다. 고생 끝에 정말 낙이 왔으면 좋겠다고 늘 소망했던 것 같다. 크리스마스라고 해서 교회에서 하는 행사 말고는 별로 큰 기쁨은 없었다. 그러면서 나는 속으로 '우리 집만, 아니 나만 이런 느낌일 거야'라고 생각했다. 다른 사람들은 크리스마스에 정말 기쁘고 행복한데 말이다.

그런데 지금은 알겠다. 굳이 기쁘지 않아도 된다는 거. 억지로 마음과 다른 선물을 사느라 고심하지 않아도 된다는 거. 또 주고받고 안 해도 된다는 걸. 그 도리, 역할을 하느라 힘들었다. 그냥 좀 이렇게 생각 없이 쉬고, 자고, 혼자 있고 싶었다. 다행이다. 지금이라도 할 수 있어서. 내 말을 잘 들어주지도 않은 가족에게 참 특별한 날이 되게 하려고 노력했던 거 같다.

지난날 내게 오늘은 위로의 선물, 말을 해주고 싶다.

'선미야, 고생 많았어. 난 알지. 네가 얼마나 맘 쓰고 살았는지. 가족 한 명 한 명, 친구 한 명 한 명 기쁘게 해주려고, 행복감 느끼게 해주려고 참 궁리 많이 했지, 네가.

선미야, 근데 다들 떠나고 이렇게 혼자가 돼서 놀랐지? 그렇게 애쓰면 다들 곁에 있을 줄 알았는데 생각지도 못했잖아. 이럴 줄 알았다면, 네가 그렇게까지 그들을 먼저 챙기고, 그들의 일을 1순위로 하진 않았을 거야.

선미야, 그렇지만 오히려 네가 사랑한 그들 덕분에 영성, 현존에 대해 알게 됐잖아. 이러려고 네가 지구에 올 때 계획하고 왔었나 봐. 영원한 건 없다고 오직 깨달으라고. 난 요즘 내가 여기 지구별에 온 이유가 궁금하고. 난 어떤 경험을 하기 위해 왔을까 하고 수호천사에게 묻고 도와달라고 해. 너무 궁금해서.

이젠 이런 생각도 들어. 헤어질 때 말이라도 인사라도 건네고 가는 이가 있다면, 참 고마운 사람이라고. 어릴 때 엄마를 찾아 울고불고했던 아이처럼, 나는 마음 나누는 사람이 생기면 공생했던 거 같아. 그 심리적 공생 이젠 지긋하지 않니? 혜련이, 미선이, 경순이, 소영이, 은실이, 은영이, 혜정이, 진희 모두 마음 나누며 행복했었는데, 이젠 먼 남처럼 소식조차 모르고 지낸다.

선미야, 미안해. 내가 너를 제일 잘 아는데, 네 편이 돼주지 못해서 미안해. 알아. 네가 그들을 얼마나 사랑했는지. 선미야, 사랑받고 싶은 선미야. 보살핌받고 싶은 선미야. 울지마. 그들에게 받을 수 없다는 걸 이젠 받아들여. 네가 사랑이야. 이미 사랑은 네 안에 있어. 너도 알잖아. 이젠 그 사랑을 그대로 온전히 느껴보렴. 이미 너는 보살핌을 받고 있어. 우리 선미. 이젠 네 빛을 찾으렴. 고요히 네 속에 집중해.'

상처를 떠나보낼 때
건강한 관계는 찾아온다

그녀(내담자) : 사람들이 저를 싫어해요, 선생님. 그래서 전 밖에 나가면,
자꾸 위축되고 사람들 눈치를 봐요. 불편해요.

그대로(상담자) : 사람들이 당신을 싫어한다는 것을 어떻게 알아요?

그녀 : 제가 있을 때 자기들끼리 웃고 말하면서 제게 관심을 안 보여
요. 눈으로 인사도 안 하거나, 제게 말을 안 걸어요.

그대로(상담자) : 그렇군요. 사람들이 당신에게 관심이나 말을 걸어주면
좋겠군요. 그럼 당신은 먼저 관심을 보이고 말을 건네나요?

그녀 : 저는 그런 스타일이 아니에요. (얼굴이 발갛게 상기되면서) 저는 원래
좀 소심하고, 많이 내향적이라서 먼저 말하는 편은 아니에요. 누가 말
걸면 그때야 대답하면서 말하고 그래요.

그대로(상담자) : 네, 그래서 누가 말 걸어주기를 더 기다리시는구나. 그
러면, 그때부터는 자연스럽게 할 수 있으니까,

그녀 : 네, 맞아요. 그래서 누가 말을 거나 살펴요. 그렇게 다가오지 않으면, 제가 어떻게 해야 할지 너무 뻘쭘해요. 어떻게 해야 하나 속으로 당황하고, 그 침묵이 흐르는 걸 견디기가 너무 어려워요. 손에 땀도 나고, 심장도 막 빨리 뛰는 소리가 들리고, 막 제가 무능한 바보천치가 되는 기분이에요.

그대로(상담자) : 네. 힘드시겠네요. 사실 그럴 때 어떻게 있고 싶은데요?

그녀 : 사실은 제가 먼저 가벼운 인사라도 하고, 얘기라도 꺼내서 그 어색함을 풀고 싶어요. 같은 말도 재미나게 하는 사람들 있잖아요. 제 속에선 저도 좀 그렇게 하고 싶단 말이에요. 그래서 편하게 얘기하고 싶어요.

그대로(상담자) : 아, 그렇군요. 당신은 편하게 재미있게 사람들과 얘기하고 싶군요. 그런데 상대방이 먼저 그 물꼬를 터 주길 기대하고 있고요.

그녀 : 네 상대방이 말을 걸어주면 저는 할 수 있는데, 제가 먼저 말을 걸었는데 상대방이 대답이 없거나 조용하면 불안해져요. 내가 별론가 싫은가 괜히 말 걸었나 걱정되고요.

그대로(상담자) : 먼저 말 걸었는데 그렇게 싫다고 별로라고 누가 한 적 있어요?

그녀 : 네. 중학교 때, 친구들이 제가 말하면 쌩 했어요. 아예 제 말엔 대꾸를 안 하거나, 자기들끼리 웃었어요. 뭔가 반에서 인싸라고 자기들끼리 생각하는 애들이 있었거든요. 걔들이 은근히 저를 왕따를 시키

는 느낌이랄까. 그때 너무 놀랐어요.

그대로(상담자) : 당황스러우셨겠어요. 지금 힘들지 않다면, 그때 그 순간을 그대로 떠올려보시겠어요?

그녀 : 지금요? 아, 네. 그땐 제가 애들이랑 잘 못 어울렸어요. 그랬어요. 거기 무리 중 한 명이 원래 저랑 단짝이었거든요. 근데 그 애랑 뭐 때문에 멀어졌는지 모르겠는데 그때부터 저를 대놓고 싫어했다고 하나. 이유도 모르겠는데. (중략)

그대로(상담자) : 지금 그 친구에게 여기서 말한다면, 뭐라고 말해주고 싶나요?

그녀 : 네가 뭔데 나한테 그렇게 함부로 대하느냐고. 솔직히 말해선 말도 주기 아까워요. 요즘 유튜브에서 대놓고 말하는 것처럼 확 해버리고 싶어요. 아니면, 누가 막 때려 주면 좋겠어요. 화가 나요. 그런데 그걸 표현하지 못하고 있는 내가 너무 비겁한 겁쟁이 같아서 싫었어요.

그대로(상담자) : 그랬군요. 그런 소외감 느끼는 것도 중학생이 혼자 힘들었을 텐데. 그런 자신을 겁쟁이라고 여기며 싫어했으니 힘들었겠어요. 지금 성인이 된 당신이 그때 그 중학생 소녀가 어떻게 보이나요?

그녀 : 안쓰러워요. 네 잘못 아니라고 말해주고 싶어요. 그냥 그런 껄렁한 애들 신경 쓰지 말라고 말해주고 싶어요. 혼자가 힘드니까 떼를 지어 노는 애들 신경 쓰지 말라고 아무것도 아니라고 말해주고 싶어요. 그러니까 혼자 자신을 탓하지 말라고요.

이건 중학생 때 왕따 경험을 한 어떤 청년의 얘기를 상담 대화로 재구성해본 것이다. 그런데 왕따 경험이 있는 이 청년만 이런 생각을 하는 것일까? 나 또한 그런 경험이 없어도 관계 속에서 예외 없이 느끼는 감정이다. 사랑받고 싶고, 아이처럼 소녀처럼 "그저 예쁘다 사랑스럽다"라는 말을 듣고 싶어 하는 마음이 내 안에 아직도 가득 있는가 보다.

아이들이 당연히 내 마음을 모를 텐데. 내가 그 나이 때에 엄마를 헤아리지 못했듯이, 아이들도 나를 다 헤아리지 못할 텐데 늘 서운하다. 이 서운함은 그 기저가 어린 시절 내가 나의 부모에게 받고 싶었던 사랑일 텐데. 난 아직도 아이들에게 가족에게, 가까운 지인들에게 관심받고 싶었던 것 같다.

그런 내 안의 애정결핍처럼 늘 관심과 사랑에 목말라 있는 그 내면 아이를 알면서도 모른척했었다. 공부하면 할수록, 수련을 통해 내 깊은 마음을 만나면 만날수록, 오히려 그 아이의 존재는 더 크게만 느껴졌다.

뭔가 아이가 너무 커서 웬만한 사랑 시늉에는 콧방귀도 끼지 않고 넘어가 지지도 않았다. 다 알겠으니 가짜 시늉 말고 진짜로 하라고 진짜로 달라고 떼를 쓰는, 어릴 적 떼쓰지 못했던 서러움까지 다 폭발하듯 집요했다. 그래서 그게 때론 너무 무거워서 타인에게 기대했었다. 기대한 만큼 실망과 좌절만 쌓여갔다. 현실에선 어디에도 찾을 수 없는 건데, 자꾸만 달라니까 난 더 괴로워지고 마음은 그저 자꾸만 무거워져만 갔다. 그러니까 아무것도 하기 싫고, 더 이상 애쓰기도 싫었다. 내가 왜 그렇게 남을 보살피고 남의 고민을 마치 나의 일처럼 개입하고 해결하려 했나 생각해봤다.

내게도 내가 그러할 때 나 같은 그런 한 사람의 존재가 너무 필요하다고 생각했다. 아니 늘 필요했다. 옆에서 한 발 한 발 나랑 걸으면서 안전하게 내가 물을 때마다 대답해주는 친절한 어른이 있었으면 했다. 그래서 타인들이 도움을 요청하면 그 안에 어떤 마음인지, 어떤 건지 알기에 몸소 난 그 대상으로 있어 주길 바로 실천했던 것 같다.

그게 내가 바라고 원하는 사랑의 방식이었다. 난 그런 사랑을 받고 싶었다. 아주 사소한 것도 내가 없을 때도 나를 생각해주는 거, 그런 듬직하고 신뢰할 만한 사랑을 난 갈망했었던 것 같다.

그런데 내가 경험한 우정과 사랑은 결국은 서로 주고받는 교류라는 걸 알았다, 서로 주거니 받거니 하면서 각자의 인생길 그저 함께 가는 거란 걸, 많은 관계 속에서 상처를 통해 알게 됐다.

친했던 동기와 후배가 자기들이 힘든 일이 생기면 바로 내가 생각나서 전화해서 위로가 됐다, 도움이 됐다고 하고선 막상 나중에는 어쩔 땐 그런 것이 불편할 때도 있었다고 하는 거. 그럼 그렇다고 솔직하게 말이라도 해주지.

난 그들의 가정사며 진로며, 최선을 다하고도 그 통화가 끝나고도 내가 더 해줄 수 있는 건 없을까, 그 친구 마음이 지금 어떨까 하며 마음을 쓰며 살았다. 그게 참 행복인 줄 감사인 줄 알고 살았다. 또 내가 그런 사람이라고 생각했다. 그런데 그들이 그럴 때만 나를 찾는다는 것을 알았고, 자기의 이익을 위해선 다른 타인도 그렇게 찾아다니는 모습을 목격하고는 내 마음은 충격을 받았다.

난 그들을 내 안의 단 한 사람으로 여겼기에, 다른 누구도 필요하지 않다고 생각했다. 이 또한, 내 어긋난 기대고 사랑의 기대였다는 걸 이제는 안다. 오히려 그런 경험 덕분에 그 관계 속에서 나는 온전히 나의 이런 갈망과 마음을 마주할 수 있었다. 부정적 감정으로 다가왔었기에 피하고 도망 다니던 내게 오히려 온전히 내 감정을 만날 수 있게 됐다.

난 그들에게 최선을 다하고 감동을 주면서 고맙다는 말보다 내가 그러할 때 그들도 내게 그렇게 해주기를 바랐다. 나도 그들에게 그들이 내게 했던 것처럼, 내가 말할 수 있기를 바랐다. 나의 일에도 그들이 그렇게 마음을 다해 관여해주기를 바랐었다.

이게 이렇게 잘못된 건지 그 아픈 경험을 하고 나서야 알았다. '내가 나를 아프게 하는 방식으로 우정을 만들려고 했구나'라는 걸. 내가 알아주고 보살펴 주면 되는 건데 난 나를 먼저 사랑하지 않는 방식으로 타인의 기뻐하는 그 모습을 보면서 내 존재 확인을 했었다. 살아도 되는지, 살만한 가치가 있는지, 내가 괜찮은지 말이다. 그런 지난날의 그런 나를 애도한다. 오늘은.

4장

불편한 감정을 편안한 감정으로 바꾸는 기술

불편한 감정을 참으면서까지
인맥을 늘리지 말자

좋은 관계란 어떤 사이일까? 나는 이 좋은 관계를 유지하려고 부단히 노력하고 애써왔다. 내게 좋은 관계란 서로 믿어주고, 함께하는 거였다. 하지만 고백하자면, 나는 관계에서의 실패와 좌절 경험이 너무 많다. 관계에 있어서 내 기대나 충성도는 높았기에 높은 기대만큼 좌절과 아픔의 계곡도 깊었다. 그래서 매번 '이제는 그렇게 깊이 사귀지 않아야지' 다짐하곤 했다.

나의 이런 인간관계의 우여곡절 얘기를 들어주셨던 한 선생님이 계셨다. 아니, 그 선생님도 자기의 관계에서의 실패와 좌절 경험을 내게 말씀하셨다.

서로 비슷한 고통을 나누면서 우린 참 가까워졌다. 나이도 나보다 훨씬 많았지만 통하는 게 많아서 우린 친구처럼 지냈다. 오랫동안 있는 그대로 서로의 모습을 긍정하고 지지하며 아름답게 보냈었다.

서로 가족에게도 못하는 말, 누구에게도 할 수 없었던 말도 하면서 마음으로 참 가까운 사이였는데, 그 선생님도 이젠 없다. 매년 연말 톡에는 길게 내가 얼마나 존경하고 감사를 표현한지도 10년 이상 보냈던 것 같다. 그래서 영원히 지속될 줄 알았다. 그분과 나의 관계는.

그런데 하루아침에 갑자기 통화도 할 수 없는 사이가 됐다. 그렇게 된 이유도 여전히 나는 모른다. 그냥 선생님께서 '잠시 혼자 있고 싶다'라고 카톡이 왔다. 나는 무슨 안 좋은 일이 있으신지, 집안에 문제가 생겼는지 온통 걱정돼 전화와 톡을 했었다. 그런데 전화도 받지 않으셨고, 아름답게 써준 '잠시 혼자 있고 싶다'라는 톡이 다였다.

이날 내가 얼마나 놀라고 당황했는지 지금 이 글을 쓰면서도 그 가슴이 돼 답답해진다.

'며칠이 지나서 해봐야지, 무슨 일이 있어서 그런 걸 거야. 얼마나 오랫동안 만나온 사이인데 설마 이런 식으로 안녕이 된다고? 말도 안 돼. 이건 너무 예의가 없는 거잖아. 그동안의 세월을 함께 했는데, 설마 이렇게 정리를. 이런 식으로 한다고?'

내 안에는 이런 속말들이 멈추질 않았다. 한 주, 한 달이 넘게 전화를 받지 않으시는 그분을 경험하고 나서야 설마가 사실인 줄 그때야 알았다. 내가 정리됐다는 것을. 갑자기 왜 그런지 너무 궁금했다. 처음엔 당황하고 나중엔 화도 나고 따져 묻고 싶었다. 하지만, 갑자기 명상가가 되어가는 그분을 잡을 수는 없었다. 왜 다들 관계에서 떠날 때는 이유가 도인 같아지는지 모르겠다.

그 선생님과 나는 서로가 겪었던 관계에서의 아픔까지 공유했던 사이인지라 그 충격은 더 컸다. 서로가 어떻게 관계에서 상처가 있고 아팠는지를 곁에서 봤고 너무 잘 아는 사람이기에. 사랑하는 남녀 관계도 아니기에 나는 이 선생님과는 헤어질 일이 없겠구나 생각했다. 그 선생님과 할머니가 돼서도, 아니 죽을 때까지 그렇게 살 줄 알았다. 믿어 의심치 않았다. 그래서 그분이 그런 결정을 하기까지 얼마나 고민하고 속상했을지, 혹시라도 오해가 있는 거라면 풀어드리고 싶었다. 꼭 계속 나와 그런 사이가 아니어도 그만이니 그 선생님이 혼자 속상하거나 아프지 않았으면 했다.

　나는 다른 곳에 가거나 다른 사람들을 만나도 그 선생님이 있는 것처럼 내 안에서 소중히 생각했다. 그 선생님에 대해 잘 모르는 사람이 있으면 소개했고, 전문적으로 누구를 소개하라고 하면, 난 첫 번째로 그 선생님을 떠올렸고 연결시켰다. 내 관계에서의 믿음은 이렇게 행동으로 바로 실천하고 나오는 경향이 나는 강한 편이다. 난 그 선생님이 곁에 있으나 없으나 내 마음에 있기에 어디에서나 도움이 되고 싶었고, 좋은 영향을 주고 싶었다.

　이렇게 나는 인간관계를 좁고 깊게 하는 편이다. 남들이 보면, 나는 오랫동안 잘 사귀는 것으로 보인다. 나도 그렇게 생각했다. 단짝처럼 믿고 함께 하면서 인생을 얘기하면서 살고 싶었다. 그런데 사실은 10년 이상 마음을 나눴던 사람도 이렇게 하루아침에 남이 됐고, 남이 보면, 자매 같다고 했던 관계도 지금은 통화조차 안 하고 산다.

　기업에서 상담실장으로 바쁘게 일하고 있을 때였다. 다른 기업에 있는 대학원 후배가 전화가 왔다. 다급한 목소리로 언니 잠깐 시간 되냐며 물었다. 평소에는 연락이 없다가 연말에 송년회 겸 한 번씩 만나는 후배였다. 그럴 때 좋은 소식 전하거나 서로 훈훈한 덕담을 주고받으며 맛난 거 먹는 사이.

그런데 이렇게 다급하니 나는 자동모드로 무슨 일인가 싶어서 휴대폰에 귀를 바짝 대고 말하라고 했다. 그랬더니 자기의 진로 고민이라고 했다. 지금 있는 기업보다 더 좋은 조건의 기업이 공고가 났는데, 마감 시간이 얼마 안 남았다고 했다. 이력서를 넣을지 말지 고민을 하다가 언니가 떠올랐다고 했다. 그 후배는 친한 동기도 여럿 있었고, 아는 선배들도 많아 보였는데 의외였다. 왜 그럴 때 내가 떠오를까?

"내가?" 놀라서 반문하니, 왠지 언니는 똑똑하니까 잘 판단해서 말해줄 수 있을 것 같았다고 했다. 후배의 그런 추측이 맞았다. 나는 그날 후배의 이력서를 꼼꼼히 체크해서 잘 제출하도록 도와줬다. 또, 앞으로 후배가 경험할 최종면접 시험에서 어떻게 말할지까지 코칭을 다 하고서야 통화를 마쳤다. 당연히 퇴근을 늦게 했고, 내가 그날 하려고 했던 개인적인 일은 미뤘다.

나는 왜 거절하지 않고, 대강 둘러대지 않고, 마치 내 일이라도 되는 것처럼 그렇게 대응했을까? 나도 참 매번 이러는 내 모습이 신기하고 안타까웠다. 내 진로나 이력서를 좀 이렇게 고민하고 열심히 쓰지 하는 생각도 들었다.

나는 헛똑똑이다. 중고등학생 때였을까? 그때는 고등학생들이 교복 입고 나와서 여러 가지 퀴즈를 맞히면, 상금도 주고 해외도 보내주는 장학퀴즈라는 프로그램이 있었다.

일요일 아침이면 아빠랑 그 프로그램을 보면서 서로 문제를 맞혔었다.

내가 퀴즈를 맞히면, 아빠는 나보고 자꾸 저기를 나가보라고 하셨다. 근데 나는 어쩌다 한 번 맞췄는데 "내가 왜 저길 가서 망신당하냐고. 아빠나 나가"라고 짜증을 내며 대꾸했었다. 그럴 때면, 아빠는 혀를 끌끌 차시면서 헛똑똑이라고 했다. 엄마한테 놀리듯이 우리 집에 헛똑똑이 한 명 있다고.

맞다. 나는 헛똑똑이다. 특히 인간관계에선 나는 헛똑똑이가 확실하다. 그렇지 않고서야 어떻게 그렇게 많은 관계에서 똑같은 상처를 경험하고 반복했을까? 헛똑똑이가 아니고선 설명이 안 된다. 나는 후배처럼 그런 순간이 있을 때, 주로 혼자 해결해왔다. 아니 누군가에게 갑자기 도움을 요청하는 전화는 해볼 생각도 못 했다. 물론 나도 살면서 안절부절못할 때나, 순간적으로 누군가의 도움을 절실히 바랐을 때가 있었다. 그랬기에 후배가 한 그런 전화를 누군가에게 받으면, 나는 카드사에 상담원도 아닌데 무슨 매뉴얼이라도 있듯이 잘 대응한다. 갑자기 이런 전화를 한 후배가 불편하지 않도록, 또 내게 미안하지 않도록 세심하게 말하면서 맞춰 준다.

그래서 그랬을까? 내가 만났던 친밀한 관계에서 나는 그런 역할을 많이 했던 것 같다. 내가 그렇게 할 때는 이런 생각이 있어서다. 오죽하면, 이 사람이 지금 이런 얘기를 내게 하겠나 하는 마음으로 말이다. 내가 혼자 해결하면서 누군가에게 도움을 요청하고 싶을 때, 누가 곁에서 의견이라도 함께 나눠 주면 좋을 때가 너무 많이 있었기에. 그럴 때마다 나는 참았기에, 누군가 내게 그렇게 다급하게 요청하거나 고민의 말을 하면 함께 해주려고 했던 것 같다. 내 안에 함께 나누고 싶었던 어려움이 있었기에, 나도 그렇게 받고 싶었다.

나도 그랬다. 그렇게 받고 싶었다. 물론 그렇게 만난 단짝들과 다 헤어진 건 아니다. 지금도 해외에 살지만, 꾸준히 안부를 묻고 마음을 얘기하는 단짝은 있다. 그런데 나는 이런 단짝들과 한 번씩은 심리적 갈등을 경험했던 것 같다. 오해나 불편감들이 있었다. 그런 감정이 올라올 때, 차곡차곡 저축해뒀다가 사소한 문제에서 폭탄 터지듯이 해왔던 거 같다. 그 순간에 그런 말을 하면 너무 유치할까 봐, 이런 말 하면 상대방이 어떻게 생각할까 봐 염려도 돼서 남겨둔 감정들이 나를 그냥 둘리가 없다. 어쩌면 그 선생님도 나와 관계하면서 이런 감정들이 있었는데, 내가 너무 선생님을 이상화시켜서 보고 말하니까 직면하기 어려웠을 수도 있었으리라.

사실 우리가 관계 속에서 올라오는 부정적 감정을 직면한다는 것이 쉬운 것이 아니다. 나는 이제 대학원 송년회에서 모처럼 만난 선배나 후배가 작년과 다르게 쌩해도 괜찮다. 예전에는 자기 기분이나 소속의 변화에 따라 아는 척을 하고, 안 하고 하는 게 돌아와서까지 서운했었다. 모두 자기 필요나 불안에 따라 내게 다가오는 것인데 나는 그때 그걸 몰랐다. 그 순간 대응하는 내 안에도 그들과 같은 불안과 필요가 있었으리라.

물론, 난 여전히 사람과 사람 사이의 좋은 관계를 지향한다. 다만 이젠 알 뿐이다. 필요와 불안에 의한 관계는 그것에 관한 감정을 경험하고 끝이 난다는 것을. 이젠 관계에 의존하지 않는다. 나도 편하게 됐다. 관계하는 것에 대해서.

일부러 인맥을 유지하려고 내가 불편한데 참으면서 할 필요가 없다. 그런 관계는 어차피 끝은 난다. 다만 언제 끝날지 시일에 문제일 뿐이다. 이젠 왠지 유지하면 좋을 것 같아서 하는, 그런 관계에는 굳이 에너지를 쓰지 않는다. 내가 그런 계산을 했다는 것은 상대도 그렇게 나를 사용할 수 있도록 둔다는 거다. 다만 그런 관계 속에서 경험하는 당신의 감정을 만나는 기회로 삼아라. 인맥을 늘리느라 애쓰지 않아도 된다. 애쓴 만큼 멀어지는 관계를 만나면 씁쓸할 뿐이다.

날것의 감정과
제대로 마주하기

감정 문제가 곧 인생 문제다.

— 앨버트 엘리스

나는 매일, 이 날것의 감정을 마주한다. 상담심리전문가라고 해서 좋은 감정, 긍정적인 감정만을 느끼면서 살지 않는다는 말이다. 오히려 그래서 더 잘 느끼면서 산다. 매 순간 경험되기에 한순간도 안 느낄 수가 없다고 말하는 게 낫겠다.

사소하게는 온라인 단톡방이나 밴드, 카페에서 당신도 매일 경험하고 있지 않은가? 내 얘기에 반응이 없으면 어쩌나 걱정이 되고, 어제까지 긍정적 반응을 하던 사람이 내 얘기에만 침묵하면 무슨 일인가 신경이 쓰이지 않는가. 또 탁구 하듯 주고받던 카톡 대상이 한참이나 내 톡을 확인하지 않으면, 여러 번 언제 확인하나 당신은 매번 그것을 보고 있지는 않은가 말이다.

사람들은 사실 그런 SNS에서도 다 계산을 하고 산다. 내게 관심을 주면 그 사람에게 자기도 관심을 주고, 그것을 댓글이나 답톡으로 알리게 마련이다. 인터넷이니까 바로 앞에 있는 것처럼 눈빛, 태도, 어조, 어감 등으로 다 전달할 수 없는 그 미묘한 감정들이 그렇게 오고 간다. 그렇지 않은가.

그럼에도 불구하고 빨리 확인하는 톡이 있고, 눈으로 알람으로 뜬 톡을 읽고도 늦게까지 보류하는 톡도 있다. 거기엔 다 이런 감정이 작용하고 있다.

그 감정으로 서로 존경, 사랑, 따뜻함, 감동, 존경을 전하기도 하고. 또 다른 한편으로는 통제, 권력, 조정, 이용, 가스라이팅, 고통과 같은 감정을 주려고도 한다. 이렇게 우리는 서로 감정을 교류하는 것이다.

그래서 상담에 오는 사람들에게 나는 "그분과 관계가 불편해졌다는 것을 어떻게 알았어요? 무엇이 당신을 그렇게 느끼게 하나요?"라고 묻는다.

그러면 이렇게 대답하신다. 그분이 원래는 답톡이 빨랐는데 느려지거나 답이 없다는 얘기. 원래 내 말에 긍정적 지지를 하거나 길게 못 쓰면 이모티콘이라도 했었는데 그런 행동이 없어졌다는 얘기.

내 글에 대한 댓글이나 답글이 없었다는 얘기, 늦은 밤에도 메일을 확인하고 회신을 주셨던 분인데 메일 확인을 안 하셨다는 얘기, 어려운 상황에선 문자로라도 회신을 주시는 분인데 하루가 지나도록 그러지 않았다는 얘기.

이건 다만 내담자들의 얘기만은 아닐 것이다.

이런 것으로 당신도 상대방과 자기와의 관계에서 뭔가 이상하다는 걸 알게 되지 않았는가. 그래서 추측하다 힘들어서 고민이라고 하는 것이 아닌가?

사실 상대방이 대놓고 "이젠 너의 말에 그렇게 빨리 반응하고 싶은 마음이 없다"라고 얘기를 해준다면 어떨까? 그 순간은 천둥소리처럼 들리더라도 그래서 충격이 크더라도, 명확해서 좋을 것이다. 정리되니까. 어차피 정리될 거면 왜 그러냐고 물어보기라도 할 수 있으니까 말이다.

그런데 모든 관계에서 대놓고 다들 이런 얘기는 안 한다. 다만 미묘하게 예전과 다른 반응을 함으로써 상대에게 자기의 감정이 달라졌다는 것을 알린다. 애매하게 전달될 수 있도록, 모호하게 전달될 수 있도록. 그렇게 상대방 마음을 확인하려고 한다. 그러면서 자기의 마음이 변한 것도 전하려고 한다.

그 속에는 '네가 내게 했으니까 나도 네게 하는 거야. 모를 줄 알았지? 나도 셈할 줄 알아. 근데 너니까 봐준 건데. 나를 이렇게 대하면 너도 그렇게 받아야지' 이런 속내가 들어있다. 그것을 당신이 줄 때도 있고, 받을 때도 있다.

석사졸업을 하고 자격증만 있고 상담 관련 경력이 없었던 나는 경기도에 있는 대학교 학생생활 상담실에 전임상담원으로 취업이 됐었다. 출근 시간만 한 시간 반가량을 지하철을 갈아타며 다녔는데도, 상담전문가로 일할 수 있어서 좋았던 기억이 있다. 그때 면접위원 교수님이 내게 "서울에 사시는데, 이렇게 먼 곳에 출퇴근하실 수 있겠어요?"라는 질문에, 나는 얼마나 되고 싶었으면 "멀면 좋지요. 지하철이 여기로 오려면 외부 풍경을 보면서 오더라고요. 매일 여행처럼 오면 되지요"라고 대답했던 것도 떠오른다. 아무튼, 아침 출근 지하철은 지옥철이었고, 저녁엔 다양한 사람들이 타고 내리는 지하철이 내게는 한편의 다큐멘터리 영화를 보는 것 같았다.

하루는 어떤 아저씨가 지하철을 타자마자 큰소리로 계속 쌍욕을 하셨다. 술을 드셨던지, 화가 많이 나셨는지 나는 먼 곳에 앉아 있어서 몰랐었다. 지하철 그 칸에 탄 사람들은 갑자기 그 욕을 계속 듣게 된 상황이었다. 깡패들이 나오는 한국 영화에서 들었던 욕이 계속 확성기 틀어 놓은 듯 울려 퍼졌다.

그래서 사람들 표정을 봤다. 좀 놀라거나 얼굴을 살짝 찡그리시는 분이 있긴 했지만, 다들 별 신경 쓰지 않고 자기가 하던 휴대폰을 보든지, 책을 보든지, 눈을 다시 감든지 하시는 것이다.

난 그것을 보고 먼저 나의 반응에 대해 깜짝 놀랐었다.

'내가 지금 이런 욕을 들으면서 그냥 있네, 사람들 표정을 관찰하면서 그냥 있네. 이렇게 그냥 있는 내가 왜 가족들이 찡그리면서 말할 때, 회사에서 누가 불평을 하면 그건 그냥 있지 않았지?' 하는 의구심이 올라왔다. 이상하지 않은가? 그런 욕설을 듣고도 아무렇지 않았다. 지하철의 그 아저씨를 좀 정신이 나간 분이라고 생각해서인가?

저 욕은 내게 하는 것이 아니라고 생각이 들어서인가? 저 사람은 나하고 아무 관계가 아니라는 생각 때문일 수도 있을 거다. 그러면 우리는 관계라는 것을 할 때는, 어떤 관계에 있으면 어떠해야 한다는 관계에 대한 정의가 저마다 있는 셈이다.

그 정의나 개념이 서로 같을까, 서로 다를 수도 있을 텐데. 어쩌면 그 안에는 관계라는 이름으로 어떤 주고받을 것에 대한 기대가 서로에게 있을 것으로 나는 생각이 든다. 하루에 욕설과 험담을 들으면서 있을 관계가 얼마나 있는가?

사실 이런 관계 때문이 아니라 우리가 날 선 감정을 만나는 관계는 가까운 사람들이다. 매일 사소한 것에서 우리는 가깝다고 여기는 사람들과의 관계에서, 날 선 감정을 만나게 된다는 말이다. 사소하고 유치해서 드러내어 놓고 하면 나만 바보 같고, 계산적인 것 같고, 나만 나쁜 사람 같아서 드러내지 못하는 그 순간에 사실 우리의 감정은 이렇게 올라온다. 아주 생생하게. 나는 이 말을 하고 싶어서 지하철 아저씨 얘기를 했다.

이런 자기 안의 날것의 감정을 만날 때, 나는 어떤 분별도 생각도 평가도 없이 그저 그대로 느끼려 한다. 그대로 그 날것에 머물러 내 안에 이렇게 나직이 말해준다. "스스로 치유하기 위해 나는 여기 있다. 나를 치유하면 내 세상이 치유된다."

세상에 중요한 것은 오직
자신의 경험 속에서
감정을 그대로 마주하며
나아가며 사는 것일 뿐.
나는 더 무엇을 바라지도
원하는 것도 없다.
이젠 일상에서 고요하게

내 삶을 느끼며 살고 싶을 뿐.

완전한 것도 이상적인 것도 없는

그저 현재가 완벽하다는 것을 받아들인다.

그렇게 나를 느끼고 사랑하고

사랑을 나눌 수 있으면 그만이다.

어느 날 내 일기장에 적어 둔 글을 그대로 옮겨둔다.

부정적인 감정이 올라올 때
해소하는 방법

얼마나 됐을까? 나는 이젠 강의를 하실 때 그냥 강의 PPT의 내용을 읽기만 하는 교수나 강사의 강의는 듣기가 어렵다. '누가 한글을 모르나, 무미건조한 어조로 그냥 PPT의 내용을 읽어줄 거면 낭독이지, 어떻게 그게 강의인가?' 싶다. 그런 강의를 듣고 있으면, 내 시간이 아깝다. 귀가 아프다. 어쩔 땐 막 짜증이 난다.

상담심리 전문가가 되려면, 기본이 석사를 마치고 수련 기간만 최소 3년, 박사과정을 하지 않으면 길게는 5년이라는 시간이 걸린다. 그 시간 동안 개인상담, 심리검사, 집단상담, 심리 관련 연수회 등 다양한 교육을 꾸준히 참가하고 이수증을 모아야 한다. 그러다 보니 공부를 안 할래야 안 할 수가 없는 구조다. 또 인정해야 할 수련 시간은 자꾸만 늘어가는 실정이다.

상담업에 종사하는 우리끼리 편하게 농담처럼 하는 말로는 '집안이 천천히 망하려면 상담공부를 해라'라고 할 정도로 시간과 돈이 야금야금 많이 든다. 어떤 교육도 무료가 별로 없으며, 특히 학회 인정 기준에 준하는 교육을 받으려면 상당한 돈이 들게 마련이다.

그러니까 수강생 입장으로 이왕이면 내게 도움이 되는 교육에 돈과 시간을 쓰고 싶은 마음이 굴뚝 같다. 나도 수련생일 때 정말이지 없는 돈을 써가며 수련을 하다 보니, 강사의 권위나 명예 때문에 강의 내용과 상관없이 돈을 지불하고 싶지는 않았다. 그런데 듣고 나서 환불이 되는 강의는 없지 않은가? 매번 듣다가 나오거나, 온라인 교육일 때는 소리만 켜 놓은 채 다른 것을 하기 일쑤였다. 그만큼 집중할 수 있는 강의나 교육을 하는 강사가 드물었다.

그런데 아직도 그런 실태가 보일 때면 안타깝다. 내가 진행하는 전문가 집단 워크숍에서 그런 것에 대한 수련생들의 불평을 들을 때가 있다. 강사료를 받기 위해 어쩔 수 없어서 하는 강의라면 솔직히 안 했으면 좋겠다. 그 사람이 가진 직종 또는 역할에 대해 고정관념이 자꾸 생긴다. '너무 쉽게 돈 벌려고 하는 거 아니야'하는 생각도 든다.

내가 기업에 있어서 그런지 모르겠지만, 기업강의는 하고 나면 바로 만족도 조사를 한다. 그게 돈을 적게 주는 사내 강사든, 비싼 강사료로 섭외한 외부 강사든 예외는 없다. 왜냐하면, 강의 만족도와 내용에 대한 평가는 곧 그 강의를 구성하고 실행한 담당자의 실적이고 책임이기 때문이다. 그러다 보니 기업에서는 한 번 강의하고 평가가 좋지 않으면, 다시 부르는 일이 없다. 아무리 그 사람이 그 분야의 논문을 처음 썼고, 연구를 많이 했어도. 자기가 전달하고자 하는 것을 교육 대상에게 잘 전달하지 못하면 바로 아웃이다.

그런데 이게 배움의 상아탑이라는 학계에서는 아직도 잘 적용되지 않는 것 같다. 그 분야에 오래 있으면 잘 아는 걸까? 또 잘 알면 잘 가르치는 것일까? 이런 의문이 든다. 그래서 열정을 가지고 공부하고, 연구한 것을 잘 전달하시는 분의 강의를 들으면 확 매료된다. 일단 강의 시 지루하지가 않다.

왜냐하면, 강사의 관심 분야이기 때문에 그 관심의 에너지가 교육 대상에게 고스란히 전해지기 때문이다. 또, 유연하다. 어떤 질문을 해도 자기의 생각이나 연구 결과 리서치들을 토대로 잘 말씀해 주신다. 그래서 시원하다. 강의하면서도 강의 PPT에 써 놓은 언어에 메이기보다는, 그 개념을 교육 대상들이 잘 이해할 수 있을 때까지 다양한 예시를 들어 설명해주신다. 그래서 듣는 재미가 있고 그러면서 나의 사고의 확장이 일어나는 것을 느낄 수 있다. 그럴 때 난 무척 설렌다.

그래서 난 내가 수퍼바이저가 되면 저렇게 열정 많고, 알고 있는 것에 대해 쉽게 잘 전달하리라 다짐했었다. 사실 나의 이런 다짐 덕분에 교육생들의 좋은 피드백과 후기들이 남겨진다. '명료하다, 명확하다, 잘 이해됐다, 실제적이다' 이런 좋은 평가를 볼 때면 '그래, 나는 전문가답게 했어'라는 자부심이 있었다. 또, 교육생들이 서로 내 강의나 집단상담을 꼭 들어보라고 동기가 소개해줬다는 소감으로도 그것을 확인해왔다.

그런데 어느 날 온라인플랫폼에서 내 강의 후기에 엄청 길게 거의 A4용지 한바닥 분량의 부정적 평가 후기가 하나 올라와 있었다. 그날도 어김없이 전날의 강의가 수련생들에게 어땠는지 나는 피드백 체크해서 다음 강의에 반영하려고 들어갔었다. 그걸 한 줄 한 줄 읽으면서 나는 순간 당혹스러웠다. 그렇게 구체적으로 내가 강의 시 했던 말을 인용까지 해가면서 내 강의에 대해 부정적 평가와 아쉬운 점에 대해 낱낱이 적혀있는 것은 처음 봤다. 또 다음 주에도 같은 교육 대상에게 강의를 이어서 해야 하는 것이어서 어떻게 받아들여야 할지 잠깐 고민을 했다.

내가 전문가가 되려고 하는 사람들에게 감정을 만나고 어떻게 수용하는지에 대해 체험하는 교육을 하는 사람이 이것을 피하는 것은 말이 안 됐다. 아니 내 속에서 용납되지 않았다. 그래서 그것을 다시 한 줄씩 읽어가면서 그때마다 올라오는 내 생각과 감정을 그대로 만나기로 했다.

먼저 "네가 나에 대해 뭘 안다고 이렇게 무례하게 공개적으로 피드백하지?"하는 괘씸한 마음이 올라왔다. 내가 이해받지 못하는 느낌, 난 최선을 다해 왔는데 몰라줘서 화가 나는 느낌이다. 내가 나의 이런 화나고 그 학생에 대한 괘씸한 마음을 그대로 인정하고 알아주니, 그 감정은 더 이상 온데간데없이 고요해졌다.

그리고 나서 내가 이런 마음이 들었듯이 그 친구도 강의 시 '내 말에 이런 감정을 경험했을 수 있겠구나' 하는 역지사지의 마음이 됐다. 그 순간 미안한 감정도 올라왔다. 그래도 나는 전문가를 지도하는 수퍼바이저인데 여러 가지 상황을 더 고려해서 예시를 들을걸. 혹시 나의 열정이 지나쳐 너무 들뜬 마음에 가볍게 들렸던 건 아닌지 경솔한 나의 언행에 대한 자책의 감정도 올라왔다. 또, 내가 너무 강의에 몰입해서 그 학생이 겪었을 마음을 놓친 것은 아닌지 더 헤아려 볼 걸 하는 후회의 감정도 들었다.

아무리 내가 그 학생에게 나쁜 의도가 없었고, 강의에 도움이 됐다고 해도 그 학생의 내적 상태에선 기분이 나쁠 수도 있는 건데 내가 그것까지 고려하지 못했구나. 사려 깊지 못한 내게 주의를 시키고픈 마음도 올라왔다.

이렇게 촘촘히 내가 느낀 부정적 감정들을 하나씩 만나 들어갔다. 감정은 이렇게 층층 계단처럼 위계적으로 돼 있다. 그래서 하나씩 만나주면 걷어지고 수그러든다. 그러면 내 안에 있는 소망과 욕구로 나를 인도했다. 그 학생의 마음이 그대로 보였다. "강사님, 저 알아요? 저도 제대로 이해받고 싶어요. 제가 이렇게 여기까지 오느라 얼마나 애쓴 줄 아세요? 저도 참 노력 많이 했고 힘들었어요." 이렇게 학생이 내 앞에서 말하는 것처럼 가슴에 들렸다.

그 학생의 마음도 나와 같았구나. 다시 학생의 피드백을 읽으니, 어쩜 이렇게 내게 관심을 많이 줬는지 고마웠다. '참 내 강의를 열심히 들었구나. 이렇게 열심히 자신을 알아가려고 했구나'가 보였다. 또, 자기의 부정적 피드백이 혹 내 마음을 상하게 할까 봐 화난 마음을 누르며, 조사 하나까지 신경 쓴 부분까지 보였다. 부정적 감정이 올라오면, 이렇게 마음속으로 하면 선명하게 그 사람이 보인다. 그래서 다음 강의에서 그 학생도 눈물을 흘리며 너무 좋은 강의를 체험한다며 생생 후기와 소감을 발표해줬다. 너무 고마운 시간이었다.

부정적 감정이 올라올 땐 이렇게 먼저 스스로 하나씩 만나주자. 그게 안전하다. 그게 투명하다. 그게 효과적이다. 그게 상대방에게 고스란히 잘 전달된다.

불편한 사람에게 내 감정을 편안하게 표현하는 방법

내가 애들이랑 친한가? 애들이 어렸을 때는 나는 확신에 차서 당연히 예스라고 대답을 했으리라. 지금은 아들, 딸이 이 질문을 받으면 예스라고 답할지도 확신이 없다.

애들이 고등학생, 대학생이 돼선 여분의 용돈이 필요할 때 "엄마 지금 바빠?"하고 톡이나 전화가 온다. 또는 어딜 놀러 가야 하는데 아빠가 허락해 주지 않을 것 같을 때, 다정하게 내게 말을 걸어온다. 그리고는 세상 친절하게 왜 자기가 꼭 놀러 가야 하는지 설명해준다. 그럴 땐 내가 이해가 돼 편들어 주는 건지, 친하게 얘기하는 것이 좋아서 넘어가는지 아무튼 아군이 돼준다.

이렇게 말하면 내가 너무 고리타분하고 진지하다고 할지도 모르겠다. 나는 아이들이 태어나기 전부터 좋은 엄마가 되려고 태교에도 엄청 신경 쓰며 살았었다. 아무거나 먹지 않았고, 마음으로라도 누군가를 욕하지 않으려고 조심했다, 그저 나의 몸과 마음을 다그치며 살았다.

내가 부모님께 희망둥이로 자랐듯이, 엄마란 역할도 그 연장선에서 잘 해야 하는 임무와 책임으로 생각했던 것 같다. 그래서 내 안에는 '부서지라 난 최선의 노력을 다했는데 가족들은 왜 저렇게 노력을 안 하지?'란 탓하는 마음도 일었다.

애들이 잘 놀고 잘 먹고, 너무 당연히 그냥 누리며 사는 모습을 보면, '나는 못 그랬으니까 내 자식은 누리고 사네. 다행이다'하는 마음과 '나는 어릴 때, 척척 부모 마음도 헤아리며 살았는데 어쩜 애들이 자기 좋은 것만 하나'하는 마음이 시소처럼 왔다 갔다 한다.

가끔 볼멘소리로 하는 아이들의 노력이란, 다른 애들은 용돈이 얼마나 더 많은지와 편하게 노는지에 대한 항변이다. 자기들이 얼마나 규모 있게 쓰고 있는지, 아끼며 노는지에 대한 얘기다. 또 자기들은 그래도 어디 가는지 말해주고, 적당히 놀다 들어오지 않느냐고 목소리를 높인다. 이럴 때면, 내가 애들 자존감 높여준다고 '그저 사랑하고 키운 대가가 이런 것일까'하고 의구심이 들곤 했다. 나도 내가 원하는 다른 애들 얘기를 빗대어 하면, 어김없이 왜 남 얘기하냐고 핀잔을 듣기 일쑤다. 그럴 때는 너무 애쓰고 살았던 내가 다 잘못 산 것만 같다. 부끄럽지 않은 든든한 엄마로 있고 싶어서, 공부했던 내 모습이 바보처럼 느껴지기도 한다.

난 애들 재우고 새벽까지 공부했었다. 몸이 힘들어도 내가 그렇게 누군가를 위해 줄 수 있다는 것이 좋았고 행복이라고 여겼었다. 그런데 세월이 가면서 나도 모르게 그 대가를 바랐던 모양이다. 나만 나를 몰랐었나 보다.

아이들이 어떤 노력도 없이 그저 노는 것만 신경 쓴다고 생각이 들 때, 돈 쓰는 것만 궁리하는 것 같다고 생각이 들 때면 답답해졌다. 또 내 생일에도 정성 어린 엽서 한 장 없을 때, 난 아이처럼 서운하고 외롭다고 느꼈다. 그래서 불편한 사람이 남이면 좀 낫다. 안 보면 되고, 그냥 욕을 듣더라도 단절하면 그만이니까.

내가 불편하다고 느끼는 것은 오히려 매일 보는 가족들의 모습 속에 있다. 그래서 불편하다고 말하기도 어렵다. 아니 잘못 말하면 자꾸 싸우게 돼서 더 불편해진다. 그 대상이 내가 원하는 대로 말하거나 행동하지 않는 모습을 볼 때마다 그 불편감을 경험하는 것이다. 배우자나 아이들의 그런 모습을 볼 때면 매번 말할 수도 없고, 말한다 해도 반복되는 것을 보면 내 말을 소중히 여기지 않나 하는 생각으로까지 이어진다. 그들은 이런 내 마음도 모를 테니 아랑곳없이 하던 대로 할 텐데. 나는 그런 순간들이 가슴에 하나씩 서운함, 짜증, 화, 서글픔, 서러움 등 여러 감정의 이름으로 남는다.

그래서 집단상담이나 개인상담에서 사람들이 주로 가족과 관련해 얘기하는 것 같다. 나도 돌아보면 처음에는 주변 동료나 브런치 모임에서 만난 애들 학교 엄마에 관한 얘기에서 시작했지만, 결국은 가족에게 갖는 불편감들에 대해서 말하고 있는 나를 종종 발견하곤 했었다.

처음에는 가족에게 불편한 감정을 갖는 내가 '이상한가, 잘못됐나, 나쁜가'에 사로잡혀서 누구에게도 말도 못했다. 밖에서는 잘 기능하는 사람으로 살면서, 집에서는 순식간에 분노와 화를 표현하는 미성숙하고 세상 감정적인 사람이 나였다. 내 안에는 그래서 내가 제일 이상한 사람이었다.

그 안에는 '내가 어떻게 살았는지 알면서, 내가 어떻게 했는데'라는 생각과 기대로 그것을 알아주지 않는 가족에 대한 원망이 가득 있었다.

언젠가 배우자가 화가 나서 하는 말 중에 "누가 그렇게 하라고 했어? 내가 그렇게 해달라고 했어? 그냥 너도 편하게 살아 안달 떨지 말고" 이 말이 가슴에 송곳처럼 들어왔다.

조용한 시골 마을에 확성기를 틀어 놓고 종일 장사하는 트럭의 소음처럼 내 속에선 그 말들이 계속 들렸다. 그동안 함께 산다고 생각했는데, 마음은 따로 사는 거였다. '아 저렇게 생각하는구나, 나만 잘살길 원하는구나, 그게 안달 떠는 것으로 보이는구나' 이렇게 생각하니 정신이 번쩍 들었다.

그러면서 돌아보니, 그 사람은 크게 원하는 것이 없으니까 적게 노력하고, 아주 잘 살고 싶다는 기준에 대해서도 적당히 살자 주의니까 매번 나랑 달랐다. 또 내가 주말에도 무엇을 하면 좀 쉬라고 힘들지 않냐고 적당히 하란 말을 자주했다.

나는 그럴 때마다 '적당히 해'란 말이 '왜 그렇게 살아'라는 비난으로 들렸다. 오히려 내가 왜 그렇게 주말에도 공부하고 일하는지를 더 이해해 줘야 할 사람이, 그 사람이어야 한다고 생각하는데 그렇게 말하니까 답답했다.

예전에는 그런 말을 기분 나쁘지만 참고, 그래도 소화가 안 되면 혼자 울었었다. '내가 저렇게 나를 이해 못 하는 사람하고 살고 있구나. 내가 이렇게 노력하는 모습을 보면 뭔가 반성하고 나한테 고마워하고 미안해할 줄 알았는데, 적당히 하라니 이상한 사람은 내가 아니라 저 사람이구나'

이러면서 그를 탓했었다. '저 사람 때문에 내 인생이 이렇게 힘든 거였구나' 하고 자꾸 폭발하는 나를 봤다.

그래서 거울 앞에 앉았다. 혼자 하는 명상 중에 누군가에게 말하고 싶을 때, 또는 어떤 대상에게 화가 날 때 나는 내 방에 있는 큰 거울 앞에 앉는다. 그리고는 물끄러미 거울 속에 나의 눈을 본다. 그리고 내 안에서 올라오는 말들을 한다.

내 안에는 "당신이 좀 더 노력하고 가족을 챙겼어야 내가 주말에 쉬는 거지. 내가 원하는 삶은 이런 게 아니야. 당신도 알잖아. 내가 어떤 삶을 원하는지"란 말들이 속사포처럼 나왔다. "고집스럽게 타인들을 쫓아 사는 삶을 몸부림치듯 싫어했는데 적당히라니 말도 안 돼. 그럴 거면 이렇게 책임이 주어지는 가정도 꾸리지 않았을 거야. 나 혼자 적당히 원하는 것 하면서 살았겠지. 정말이지 난 그러고 싶지 않아. 참 많은 것을 당신에게 말했는데 어떻게 그렇게 이해를 못 하면서 말까지 기분 나쁘게 하니?" 따져 물었다. 그렇게 내 안의 소망과 욕구들을 말하는 나를 본다.

그러면 거울 속의 내 얼굴은 일그러졌다가 눈물도 났다가 여러 가지 표정으로 나를 대한다.

그러면서 나는 '아, 내가 노력해서 놀면서 편하게 멋지게 살고픈 내 소망이 있구나. 아, 나는 저런 말투를 들을 때 여전히 화가 나고 건드려지는구나. 내 안에 아직 그 감정적 상처들이 남아 있구나'를 내 표정으로, 내가 속으로 하는 말로 안다.

배우자도 남이고, 자식도 남이다. 내가 원하는 삶의 모습을 그들이 함께 노력해서 만들어야 한다는 생각이 내 아집이고 독선이었다. 아무리 긍정적이고 좋은 것이라도 그건 당신의 생각일 뿐이다. 그렇게 좋은 미래를 꿈꾸느라 매일 보는 가족에게 불편감을 느끼는 분들이 있다면 아주 좋은 기회다. 내가 그들에게 갖는 불편감은 내 안에 있는 어떤 감정을 만나는 기회다.

불편한 사람에게 감정을 표현하는 방법은, 먼저 당신이 불편감을 느끼는 그 사실을 인정해라. 그리고 당신에게 불편감을 주는 사람은 메신저일 수 있다. 그것이 당신의 소망이든 미해결된 욕구이든 그 사람을 통해 당신은 투사와 자동적 반응을 하는 것일 뿐. 이것을 먼저 인정해라.

당신의 모습을 그대로 보여주는 거울 같은 그 사람을 탓할 것이 아니라 그 감정을 들여다볼 좋은 기회로 삼아라. 매일 하는 수행이고 수련이라고 여겨도 좋다. 먼 데 가서 마음공부 따로 할 필요 없다. 그 가족 덕분에 당신의 통합되지 못한 감정들을 만날 수 있다. 그 감정을 그대로 만나줄 때, 당신 스스로 그 길을 느끼고 지나올 때, 오히려 평온한 자유로움을 경험하게 된다. 빛을 보게 된다는 말이다.

아무것도 안 하면
지금이 불안한가요?

나는 나이에 상관없이 친구인 사람들이 있다. 나랑 10살 이상 많은 동네 친구분도 계시고, 나랑 10살 이하 적은 댄스학원 친구도 있다. 우린 공통의 관심사로 만나면 길에 서서도 열띤 얘기를 하고 덕담을 주고받는다. 우리 집 위 골목에 집을 지어 사시는 동네 친구분(어르신이라고 해야 하나?)은 광화문에서 병원을 오래 운영하셨다고 했다. 사실 우리가 만난 것도 나는 서울대로 그분은 광화문을 가기 위해 출근하다가 만났다.

같은 정류장에서 마을버스를 탔는데, 지하철역은 각자 갔는데 같은 지하철의 같은 칸에서 또 만난 거다. 별거 아닐 수 있는데, 우린 무척 아이처럼 반가워하며 얘기를 시작했다. 그것을 계기로 가끔 출근할 때, 우연히 보게 되면 얘기를 나눴었다.

그러다가 어느 날은 유튜브 주로 뭐 보냐고 하다가 '법륜 스님'이라는 공통점이 생겼다. 처음엔 의욕적으로 이렇게 좋은 책이나 말씀 듣고, 얘기

나누자고 했는데, 정말 동네 친구처럼 우연히 마주칠 때만 얘기를 했다.

오히려 그래서 부담감 없이 지금까지 그런 관계를 이어올 수 있었던 것이 아닌가 싶다. 그렇게 우린 읽고 있는 책도 소개하고, 유튜브도 보다가 좋으면 링크도 전해주는 동네 친구가 됐다. 그땐 나도 법륜스님 유튜브를 보면서, 단순한 삶의 지혜를 한 참 듣고 있을 때였다.

그분은 천주교인이신데, 요즘 은퇴하고 공부를 하면서 불교의 말씀도 듣게 된다고 하셨다. 천주교의 교리부터 역사까지 공부하신 내용을 동네 오가며 나를 만나게 되면 무척 신이 나서 말씀해 주셨다. 얼마나 공부를 열심히 하시는지 파고드시는 것 같았다. 그 친구분을 보면 '아, 나이가 많이 들어도 뭔가 모르는 것을 알아가는 기쁨은 저렇게 기쁘구나'를 보여주신 분이다.

그동안 그렇게 많은 세월을 성당에 나갔는데 자기가 이런 것도 모르고 다니셨다고. 아이처럼 루터의 종교 혁명에 관해 얘기해 주셨다. 그리고는 항상 언제고 더 알고 싶으면 얘기하고 물어보라 하셨지 일방적으로 내게 설명하거나 들으라고 하시지 않으셨다. 벌써 한 5년이 돼가는데 한결같으시다. 나도 이다음에 나이가 더 들어도 그분처럼 젊은이들과 대화하고 싶다고 생각했다.

나도 읽고 좋았던 책의 제목을 문자로 알려드렸다. 왜냐하면, 보청기를 끼고 계셔서 가끔 정확하게 제목이 안 들린다고 책 제목은 꼭 문자로 남겨달라고 하셨기 때문이다. 그러다가 그분이 병원을 정리하면서, 출근을 안 하시게 돼 얘기는 자주 못 하게 됐다. 그렇지만 내가 운동 나갈 때나 그분이 산책 나오시다 우연히 만나면, 또 길에 서서 요즘 어떻게 사는지 얘기를 나눴다.

서로의 집 대문은 알지만, 가족이 어떻게 되는지 서로 모르고 묻지도 않는다. 나는 그분이 나이가 더 들기 전에 취미생활을 다양하게 하라고 해주시는 조언이 참 좋았다. 그래서 왜 그 얘길 해주시는지 궁금했다. 어느 날 그분이 후회 섞인 목소리로 말씀하셨다.

"금 선생, 내가 말이야, 너무 일만 했어. 그때 내가 좋아했던 페인팅(미술 공부를 그분은 이렇게 부르심)을 친구처럼 좀 했더라면 좋았을 텐데 말이야. 나는 젊어서는 가족들 책임진다 일하고. 뭐 그래서 다들 잘 컸지만. 병원에 들어간 투자금이 있으니까 그것 때문에 또 일만 하고. 그러다 보니까 나중에 여유가 있었는데도 뭐 다른 게 별로더라고. 그냥 일만 하고 살았으니까. 뭐 쓸데없이 친구들 골프 치고 취미생활 하는 거 가봐도 재미가 없는 거야. 그나마 오래 한 게 배드민턴인데, 나이가 드니까 그것도 팔 힘이 부치더라고. 그래서 그것도 못하니까 너무 갑갑해. 난 왜 그렇게 앞날을 걱정만 하고 살았는지 모르겠어. 지금 돌아보면 그때부터 해도 되는 거였는데. 바보 같았어. 친구가 페인팅을 엄청 늦게 시작했거든. 내가 쓸데없는 짓 한다고 만류까지 했었는데, 아니 친구가 맞아. 그렇게 해야 했어. 나는 그때 사실은 너무 하고 싶었거든. 근데 자꾸 나중에 해야지, 좀 더 여유 생기면 해야지 이렇게 미뤘거든. 그니까 금 선생은 지금부터라도 해. 뭘 좋아하는지 모르겠으면 지금 아무리 바빠도 자기를 위해서 시간을 내라고. 일만 하지 말고 말이야."

선생님은 화가가 되고 싶으셨냐는 내 질문에 "페인팅했으면, 지금 이렇게 심심하고 무료하진 않을 텐데, 난 종일 정말 심심해. 잠도 일찍 일어나서 내가 한 4시 30분이면 눈이 떠지거든. 어떤 날은 4시에도 일어나. 그런데 페인팅이라도 했으면 그거라도 하고 있으면 시간이 잘 갈 거 아니야. 내 친구는 그때 늦게 배운 페인팅으로 지금 전시회도 열고 바쁘고 재미있게 살더라고"라며 말끝을 흐리셨다. 그래서 내가 동네 커뮤니티나 가까운 골프 연간 회원 혜택도 안내해 드렸었다. 혹시 나가시다 보면 좋은 말동무를 만나실 수도 있을 것 같아서.

그랬더니 그분이 말씀하시길 "뭔가 내 나이가 되면 특별히 하고 싶은 것도 없고, 친구들도 하나둘 세상을 등지니까 새로운 사람을 아는 것도 겁이 나. 또 죽었다고 연락이 올까 봐. 아침마다 톡이나 문자에 부고장이 오면 영 기분이 안 좋아"라며 자꾸 소심해진다고 하셨다. 그러면서 아내분의 카스테라 빵을 사러 가신다며 뒤돌아 가시는 그분의 뒷모습을 뭐라고 말로 설명할 수 없는 감정이 들었다.

아침에 일어나면 또 누구의 부고 소식이 올까 전화기 확인하는 게 마음을 먹어야 할 수 있는 일이라고 하셨다. 가끔 아내 심부름이 있을 때 금 선생 집 차고에 차가 들어왔는지 아닌지 가끔 본다고 하셨다. 얼마나 말동무가 필요하시면 그러실까, 얼마나 대화가 하고 싶으면 그러실까 생각됐다. 우리 사회는 앞으로 더 고령화, 노령화가 될 텐데. 그 친구의 고민이 곧 나의 고민 같았다. 나의 미래가 될 수도 있다고 생각했다.

나 혼자 생각에 잠겼다. 그분은 남들이 보면 전문직에서 은퇴 후 일을 하지 않아도, 노후를 보낼 전원주택과 경제적 여건이 마련돼 있는 소위 중산층에 속하는 분이시다. 그런데도 그분이 살아왔던 삶의 하루하루는 늘 무엇을 해야 할 것만 같은 그 역할에 갇혀서 지내오신 것 같았다. 나도 예외는 아니다. 나 또한, 그렇게 살면서 하루하루를 보내고 있었다.

더 나은 미래를 위해 지금은 무엇을 하고 있어야 할 것만 같은 그 생각이 오늘도 나를 사로잡고 있었다. 쉬어도 놀아도 마음 편하게 있을 수 없는 그 생각이 내게 불안이라는 감정으로 올라왔다. 때론 잠잠하게 잔물결처럼 와서 종일 빈둥빈둥 됐던 주말의 끝은 늘 찜찜했다. 잘 못 사는 것 같은 그 느낌. 지금 당신도 뭐라도 안 하면 찜찜한가? 아무것도 안 하면 불안한 당신에게 전한다.

"그런 부정적인 감정이 느껴진다고 후회하지 마세요.

당신의 모든 감정이 다 괜찮아요. 당신 잘못이 아니에요.

당신은 지금 그 경험이 필요한 거예요.

그저 그 불안함을 왜 그런지 분석하지 마세요.

그것도 괜찮아요.

갑자기 오는 설렘이 괜찮듯이 그것도 그렇게 있으면 되는 거예요.

억지로 없애려고 하지 마세요.

그렇다고 정신승리 하듯 긍정적으로 생각하려 노력할 필요도 없어요.

그냥 그런 생각마저도 그냥 두세요.

그렇구나 하고.

당신의 가슴에 그저 의식을 두고 함께 있어 주기만 하면 되는 거예요.

그저 다 느껴주세요.

우리는 모든 감정을 경험하기 위해 여기 있으니까요."

연인에게 사랑받는
사람들의 특징

이른 아침 명상을 하고 식물카페에 왔다. 운 좋게 커다란 은행나무를 보는 창가 쪽에 자리를 잡았다. 노트북 하기에 좋게 벽에 붙은 작은 책상과 콘센트도 친절하게 설치돼 있다.

요즘은 카페에서 공부하는 사람들을 커피 한 잔으로 전기를 오래 사용하는 민폐족으로 여기는 뉴스가 나올 정도기에 신경이 쓰였다. 그래서 2시간에 한 잔씩 다 마시지도 못할 커피나 음료를 주문한다. 또, 남겨서 싸가더라도 베이커리로라도 자릿세를 내는 나도 그런 시선은 불편하다.

그래서 이런 배려가 있는 카페를 만나면, 일단 노트북을 켜고 있어도 기분이 좋다. 글도 쓰고 책도 보면서 이 좋은 감사의 마음을 남기고 싶다. 이런 마음이 들 때, 나는 창밖 풍경을 사진을 찍어서 그 순간 떠오르는 사람에게 톡으로 보내면서 느낌을 전하곤 한다.

오늘은 군대에 있는 아들이 생각난다. 아마 요즘 내가 제일 많이 생각하는 대상이 아들이리라. 훈련소에 데려다준 지 이제 3주 된 아들에게 더 캠프 앱을 사용해 편지쓰기를 한다. 오늘 아침 식단은 1,044칼로리로 적혀있는 음식 중 돼지고기 볶음 반찬이 아들이 잘 먹을 음식으로 확인됐다. 평소에는 '잘 잤니? 잘 먹고 있니? 더운데 괜찮니?' 이런 질문을 쓰다가 끝에는 사랑한다고 편지가 톡처럼 짧은데 오늘은 쓰다 보니 길어졌다.

카페의 분위기 탓일까? 아니면 오늘 글 제목 탓일까? 떠오르는 대로 줄줄 쓰다 보니 어느새 내 볼엔 눈물이 타고 내렸다. 아들에게 편지를 쓰다 보니, 지난날 내가 아들에게 했던 모진 말이 떠올랐다. 그때 그 말들로 아들이 들으면서 가슴이 어땠을까? 느껴보니 미안함과 안타까움에 눈물이 난다.

아들은 그때도 똑똑했고 지금도 똑똑한데 엄마 왜 그러냐고 따지거나 핀잔주지 않았다. 오히려 엄마가 그런 생각이 들게 해서, 그런 마음이 들었다니 자신의 행동을 돌아보게 된다고 미안하다고 사과했다. 누가 부모고 누가 자식인지 구분이 안 될 그 순간들이 떠오르면서, 모자란 엄마를 하염없이 사랑해줬던 그 녀석 마음이 느껴져 눈물이 멈추질 않는다.

어떤 영성학자가 자식들은 부모보다 더 나은 영적 존재라고 하던데 그 말이 꼭 맞는 것 같다.

"아들아, 미안해. 이젠 엄마가 들을게. 엄마가 너를 위로해줄게. 엄마가 좀 어른스러워질게. 그리고 언제나 엄마가 최고라고 해줘서 너무 고마워. 네가 따뜻한 마음 가진 사람으로 잘 자라줘서 엄마가 얼마나 감사한지 너는 아니?. 엄마는 세상에서 제일 잘한 일이 너랑 지희의 엄마가 된 거란다"라고 꼭 전해주고 싶다.

나는 '연인에게 사랑받는 사람들' 하면 아들의 첫사랑이 떠오른다. 먼저 내 아들을 관찰한 것을 토대로 사랑받는 사람들의 특징을 써 보면 이렇다. 나는 아들이 잘 씻는지 아닌지로 지금 사랑 중인지 아닌지를 안다. 그만큼 아들은 사랑하면 잘 씻고, 사랑 중이 아닐 때는 잘 안 씻는다.

중학교 다닐 때 아들이 갑자기 어느 날 "아무리 씻어도 검게 보이는 피부는 어떻게 하면 좀 뽀얗고 하얗게 보일까요?"라고 식사 중 질문을 했다. 워낙 다양한 운동을 좋아하는 스타일이라 늘 아들의 팔과 다리는 운동선수처럼 검게 보였다. 특히, 반바지를 입고 점심시간에 축구를 하고 주말에도 땡볕에도 나가서 공을 차니, 내가 봐도 종아리가 늘 시커멓다. 집에서 팬티만 입고 다니는 아들을 보면서 놀란 적도 있었다.

선크림 좀 바르고 다니라고 아무리 잔소리해도 듣지 않던 아들이 그런 질문을 하리라곤 생각도 못 했다. 또 그렇게 진지하게 물어서 학교에서 무슨 일이 있는가 걱정도 들었다. 아빠가 레몬을 잘라서 하얗게 하고 싶은 거기에 문대면서 씻어 보라고 답변을 해줬다. 그랬더니 그러면 하얗게 되냐면서 엄마가 장 볼 때 꼭 레몬을 사 오라고 당부했다. 그래서 레몬을 사다 놓으면서도 '설마 하겠어?'란 마음이 컸다.

그런데 아빠가 엄청 웃으면서 내게 얘기를 해주는 거다. 아들이 목욕탕에서 하도 안 나오길래 문을 열어 봤더니, 정말 반 자른 레몬을 종아리에 문대면서 씻고 있더라고. 그렇게 씻으라 하고 선크림 바르라 해도 안 듣던 아들이 그렇게 하고 있으니까 엄청 웃긴 모양이었다. 사실 나도 그 얘기를 듣는데 너무 웃겼다. 그 이유가 마음에 드는 여자친구가 생긴 거다. 그래서 잘 보이고 싶었던 모양이다.

그런다고 갑자기 햇빛에 오랫동안 그은 피부가 좋아질 리가 없을 텐데 반나절을 목욕탕에서 종아리를 씻고 있었다니 말이다. 중학생이 사랑하면 이렇게 효과가 바로 씻고 모양내는 것으로 나타나는 것 같다.

그런데 이런 모습이 아들에게만 발견되는 행동일까? 내가 중학생 아들 얘기로 웃으면서 말하지만, 사실은 상담실에 오는 성인들이나 대학이나 기업에서 만난 어른들도 다르지 않았다. 다만, 특정 누군가를 말하기보다는 집에서 늘 봤던 아들로 예를 들어 말하기 좋아서이기도 하다.

사랑받는 사람들은 밤낮이고 통화량이 많아지고, 집에서도 친절한 말투가 나온다. 그러느라고 휴대폰 요금이 많이 나온다. 아들의 특징은 일단 얘기를 다정하게 잘 들어준다. 먼저 예스라고 말하고, 안 될 때는 정말 미안해하면서 왜 그런지 자세하게 얘기해준다.

초등학교 때 어느 엄마가 이렇게 말해준 게 기억난다. "엄마 우리 반 정민이는 참 친절해. 내가 떨어진 지우개를 집어 줬더니, 정민이가 **아, 고마워" 이렇게 말했다고. 어떻게 8살 남자아이가 말씨를 그렇게 곱게 잘하냐고.

또, 연인에게 사랑받는 사람들의 특징은 갑자기 자기가 어렸을 때 어땠는지를 궁금해한다. 자기에 대한 궁금증이 생기나 보다. 그녀가 질문하니까 잘 답을 해주려고 찾는 것일 텐데. 그러면서 자기에 대해 알아가는 것도 같다.

"엄마 나 어렸을 때 어땠어?" 평소 같으면 게임이나 웹툰이나 스포츠 시청으로 자기에 대해 궁금하지도 궁금해할 일도 없었을 것이다. 이런 것만 봐도 사랑을 하면 할수록 자기 이해도 깊어지는 것은 맞는 것 같다.

연인에게 사랑받는 사람들의 특징은, 일단 실천력과 용기를 낸다. 난 아들이 자기도 이사 온 지 얼마 안 돼서 집에 오는 길도 모르면서, 여자친구를 집에다 바래다주고, 여기가 어딘지 모르겠다고 아빠에게 전화했던 밤도 기억난다.

그래서 데려온 날, 밤에 혼자 오는 게 길도 모르는데 무섭지 않았냐고 물었다. 대답이 그러니까 여자친구는 영화 끝나고 혼자 집에 가야 하는데 얼마나 무섭겠냐고 했다. 그러니까 자기가 함께 가 주는 게 맞는 거란다. 너무 웃기면서도 기특했다.

또 연인에게 사랑받는 사람들의 특징은 사랑 표현하느라 돈도 많이 쓰고 세심해진다. 어버이날이나 엄마, 아빠 생일에 어떤 선물 받고 싶은지 물어보고, 다이소나 아트박스에서 포장 없이 그것을 사다 주던 아들이. 눈 오는 날 여자친구가 추울까 봐 목도리를 빨리 가져다준다고 자전거를 타고 나가는 것을 목격했다. 귀찮다고 모든 주문을 아빠에게 해서 아빠가 인터넷 주문한 것을 받아쓰던 아들이. 인터넷으로 커플 목도리를 주문하고, 포장 박스도 사고, 예쁜 쇼핑백에 넣어서, 약속 시각 늦을까 봐 마을버스 기다릴 시간이 안 된다는 아들. 그렇게 달려가는 아들을 보며, 배신감을 느끼기보다 너무 귀엽고 사랑스럽게 느껴졌다.

그래 저게 사랑이지. 사랑은 저렇게 하는 거지. 부모한테 하는 거랑 연인에게 하는 거랑 저렇게 티가 팍팍 나야 사랑이지. 다행이라고 생각했다.

늘 받는 것에 익숙한 아들이라 연인에게 받기만 하고 주는 사랑을 못할까 걱정했는데. 그런 것은 따로 안 가르쳐도 잘만 한다는 걸, 눈 오는 그 아침에 깨달았다. 그날 하얀 눈을 맞으며 아들의 그 예쁜 사랑이 잘 되길 바랐던 마음이 지금도 떠오른다.

5장

감정을 느껴야 관계가 편해진다

내 감정을 느껴야
상대도 편안하다

마음 가득 따뜻한 사람이 되고파요.

이렇게 놀라운 생각이 문득 떠오를 때

내 많은 사람 곁에 있어 고맙다고 말하지 못하고

지나쳐가니 속상해도 모닥불에 함께 비춰

우리 모든 바람이 불어도 한 사람이 된 것처럼

내가 너무 행복해 돌아올 때 두 손 내밀어 웃어주렴.

내가 좋아하는 최유리의 '모닥불'이라는 노래 가사다. 들어가는 도입부터 리듬, 음색, 가사까지 마치 내 마음을 조심스레 대신 말하는 것처럼 들린다. 이렇게 내 마음을 노래하는 곡을 만나면, 나는 듣는 순간 전율과 함께 공감받는 느낌을 받는다.

그래서 나는 출퇴근 운전하는 차 안에서 라디오를 듣는다. 세상 돌아가는 얘기도 듣고, 우연히 이런 노래가 나오면 제목을 메모해뒀다가 찾아 듣기를 한다. 먼저 내가 위로받고 싶어서 듣기도 하고, 강의 시간에 사람들에게 들려주려고 듣기도 한다.

요조의 '내가 말했잖아'라는 곡은 우연히 퇴근길 차 안에서 듣다가, 한적한 곳에 차를 세워두고 울기도 했었다. 짧은 노래의 단순한 가사가 주는 울림이 너무 커서 기업강의나 대학 특강 할 때도 많이 사용했다.

나는 주로 마음과 정신 건강 관련 강의를 많이 하다 보니, 사람들과 공감대 형성이 중요하다. 그런데 내가 어떤 느낌도 없는 것을 가지고, 뭔가 그런 것처럼 말하는 게 나는 잘 안 된다. 불편하기도 하고 내 말 같지도 않으니까 말의 힘이 없어진다.

강의도 강사와 교육생들이 그 순간의 정서를 주고받는 교류다. 그래서 내가 일상에서 보고, 느끼고, 생각한 것을 나눈다. 그런 예시를 들면 나도 신이 나고, 듣는이도 공감과 이해가 빠르다. 또 생생하니 재미도 있다.

나는 특히 '강의 시작 전에 사람들이 이런 마음으로 강의를 들었으면' 하고 바라는 마음이 있다. 그것은 이 강의는 '내 마음을 있는 그대로 내어놓고 한 번 들어봐야겠다'는 마음이다. 되도록 이런 마음이 들도록 오프닝을 신경 쓰는 편이다.

왜냐하면, 다들 지쳐서 살지 않는가. 그런데 회사에서 학교에서 하는 교육이라도 쉼이 되고, 재미가 있고, 자기를 이해하는 시간이 된다면 좋지 않은가? 또, 그런 교육이 될 때, 우리 자신은 자발적으로 깨달을 수 있다.

나는 나를 만나는 누구라도, 그 순간이 자기를 만나는 시간이 되길 소망하는 사람이다. 그러려면 내 강의 시간에 그들의 마음이 편안해야 한다.

아니 질문이나 강의 내용에 그대로 집중할 수 있는 안전감이 필요하다. 이 말은 자기의 감정으로 불편하더라도 그것을 그대로 만나도 된다는 허용이 필요하다. 자기감정을 온전히 만날 수 있도록 말이다.

강의 시간에 사람들에게 갑자기 "지금 어떤 느낌이세요?"라고 질문하면, 그런 거 느끼고 생각해볼 겨를 없이 사셨다고, 모르겠다고, 대답하길 어렵고 불편해하신다. 그러면 "제가 퇴근길에 우연히 듣다가 너무 와 닿아서, 차 세우고 들었던 노래 한 곡이 있거든요. 함께 들어보시겠어요?"하고 이 곡을 들려준다.

눈을 감고 편하게 우린 함께 듣는다. 조용히 아무 생각 없이 노랫말에 집중해서 듣게 된다. 가사가 선명하게 들리면서 내 가슴에 말하는 것 같다. 강의장 안에 3분이라는 시간이 다 흐르지도 않았는데, 눈물이 나와 어쩔 줄 몰라 휴지를 찾는 분, 눈시울이 붉어져 먹먹해지신 분, 숙연해지시는 분, 반응은 다양하다.

노래 감상이 끝나면 아까와는 사뭇 다른 표정으로 나를 보신다. "어떠세요? 지금 느낌이?"라고 질문하면, 편하게 자기가 떠오른 생각이나 느낌을 말씀해 주신다. 갑자기 느낌을 말하라면 낯설지만, 이렇게 잠시라도 느끼고 나서는 자연스럽게 말할 수 있다. 왜냐하면, 생생하게 경험하고 체험됐기 때문이다. 그 노래 한 곡으로도 자기 안에 있던 감정이 올라와 그 순간 그것을 만났기 때문이다.

우리 안에는 이렇게 자기가 이해하고 느끼고 알아줘야 할 감정들을 다 가지고 살고 있다. 그래서 노래 한 곡으로도 그것과 연결된 감정을 만날 수가 있다. 내가 가슴이 먹먹하게 어떤 곡을 들었다면, 누군가도 그럴 수 있다. 내가 귀가 솔깃하게 들었다면, 또 누군가도 그럴 수 있다. 이런 생각으로 나는 강의 오프닝을 음악과 시로 많이 여는 편이다.

그렇게 하면 함께 공감할 수 있어서 좋다. 강사와의 정서 교류는 자기 감정을 만나기 위한 통로일 뿐이다. 얼마나 서로의 교감이 일어나느냐에 따라, 또 얼마나 자기 안으로의 교감이 일어났는지가, 강의가 괜찮았는지 아닌지의 척도가 될 수도 있다.

이렇게 사람들의 마음이 열린 상태에서 나는 어떻게 하면 마음이 편해지는지에 대한 강의를 열띠게 시작한다. 왜냐하면, 나의 수업은 각자가 스스로 해야 하는 것이라서다. 아무리 돈이 많고 유명하고 명예가 높은 사람이라도 자기감정을 마주하는 것은 혼자 직접 해야 한다. 외부의 환경이나 대상이 당신의 감정을 다스려 줄 수가 없다. 오로지 당신이 해야 한다. 스스로 직접.

당신은
지금 이 순간부터
부정적 생각이 올라오면 그대로 인정합니다.
그리고
그럴 때마다 경험되는 불편한 감정을
있는 그대로 조건 없이 느끼기를 허가합니다.

〈현존수업 중〉

이렇게 수시로 당신이 자기의 감정을 만날 수 있다면 일상의 변화를 경험하게 될 것이다. 참 생생하게 산다는 것인지 어떤 것인지 실감이 될 것이다. 세상 사람들이 변화되지 않더라도 당신의 감정을 다스릴 수 있을 때, 자기다움을 느낄 수 있을 것이다.

사람이 자기다워진다는 것은 물먹은 풀잎처럼 싱그럽고 예쁘다. 각자의 색깔대로 말이다. 오늘도 당신의 삶에서 느끼는 시간을 충분히 가지기를, 그래서 모두가 각자의 삶에서 자유를 만나기를 소망한다.

호구처럼 살지 말고
차라리 이기적으로 살아라

지금은 5월 말, 초여름에 들기 전 세상이 온통 초록 연두 세상이다. 오늘은 비까지 온다. 얼마나 더 싱그러운 푸르름을 보이려고 이러나 기대된다. 자연은 하루도 똑같은 날이 없다. 창밖 풍경만 감상하기 아쉬워서 도서관에 왔다. 그냥 이렇게라도 느끼고 싶었다. 그러고 싶었다.

나는 전하고자 하는 어떤 의미를 글로 풀어내고 쓰는 게 낯설다. 아니, 더 정확하게 말하면 말하는 것보다 영 못한다는 생각이 든다. 모자라는 느낌. 글로는 내가 말할 때처럼 때에 맞는 표현이 자연스레 연결되는 느낌이 없다. 그냥 뚝뚝 끊어진다.

아마도 내가 가진 것보다 더 잘 보이고 싶은 마음이 글에 남아 있기 때문이리라. 오늘은 이 더 잘 보이고 싶어 하는 마음도 OK. 모자라 보여서 못마땅한 느낌도 OK. 그대로 함께하면서 내가 하고픈 말을 해보련다. 아무리 아닌 척해도 다 탄로 날 테니 말이다.

나는 마음의 작용에 대해 관심이 많다. 예전에는 어떻게 사는 게 잘사는 것인지 궁금했다. 그리고 마음이 평화로운 상태에 머무는 것에 관심이 많았다. 늘 내 마음은 고통스럽고 부정적 생각이 끊어지질 않았으니까.

그 덕분에 오랫동안 명상수련을 하게 됐고, 이젠 나만의 방식으로 명상하며 사는 게 일상이 됐다. 그러다 보니 자연스럽게 요즘은 삶과 죽음의 그 너머에 있는 영성에 대해서 나의 영적 존재에 대해 궁금해하고 있다. 많은 영성 책들에서 '내 마음이 곧 내 현실에 펼쳐진다'고 하니 '그래서 지금까지 내가 그런 경험을 해왔나?' 하는 생각이 든다.

내 근원의 마음 안에는 자기만의 고집이 아주 센 영혼이 있나 보다. 그래서 누가 알아주든지 말든지 내가 하고 싶거나 끌리는 게 있으면 무턱대고 해왔다. 되게 하려고 끝없이 노력하고 성실하게 해왔던 것 같다. 그것이 나는 나의 감정을 잘 만나는 거, 내 내면에 들어가 고요를 경험하는 거였다.

아무리 남들이 좋다고 해도 내가 끌리지 않으면, 내키지 않으면 그건 또 하지 않았다. 내키지 않더라도 좋다는데 좀 하면 얼마나 좋은가? 나중에 이득이 돼 돌아온다는데 굳이 왜 그걸 마다하는지 답답할 때도 잦았다. 이런 나의 모습을 나조차 좋아하지 않았다. 아니 너무 어리석게 느껴지고, 때론 실속 없는 것 같아서 무척이나 보기 싫어했다.

좀 남들처럼 효율적으로 남들 말도 적당히 잘 들어서 성공의 길로 어울려서 살아갔으면 했다. 적당히 눈도 감아 주고, 좀 적당히 넘어가는 능구렁이까지는 아니어도 타협해 가면서 살면 좋으련만. 늘 내 안에는 똥고집 부리는 마음이 있었다. 그런 내가 늘 마음 안에서 이런 내 모습을 미워하고 꼴 보기 싫어했으니 얼마나 아팠을까 싶다. 그러니까 계속 그 부분이 통합되지 못해서 내 삶 속에서 그런 불편한 관계와 부정적 감정 경험들을 해 왔던 것 같다. 그 감정들을 눌러 놓으니 자꾸만 그 감정을 만나고 느껴야 할 현실이 펼쳐져 온 것처럼.

내 안에 이런 억제, 억압하고 눌러 온 감정적 상처가 있다 보니, 때때로 관계 속에서 불편감들이 불쑥불쑥 나왔다. 예를 들면 선후배 사이라 해도 모두가 친하고 편하게 지내는 건 아니다. 그런데 자기들 결혼식이 가까워져 오면 갑자기 연락이 오는 후배들이 있다. 그러면 나는 시간을 내어 가거나 축의금을 보냈다. 그러면 톡으로 오는 감사 인사가 전부였다. 그러고는 또 연락이 없다. 내가 어딜 취업하든, 내 아이들이 졸업하든, 군대에 가든 궁금해하거나 소식을 묻지도 않고 어떤 인사도 없다. 그럴 때 난 이젠 이런 생각이 든다. 각자의 인생이 다 소중하고 귀한 경험인데, 누구의 결혼식은 축하받아야 할 당연한 것이고, 나이 든 선배의 인생은 축하할 일이 없을까 싶다.

카톡에 있고 같은 소속이라고 축의금이나 찬조금을 받는 대상으로 여겨지는 것은 기분이 상한다. 불쾌하다. 나는 호구가 아니기 때문이다. 더 이상 아니다. 안 하련다. 당신이 나를 이기적이라고 해도, 못된 선배라고 해도 좋다. 차라리 그렇게 말하고 연락하지 마라. 나도 셈할 줄 안다. 어쩌면 세월의 나이를 먹었기에 당신보다 그 셈을 더 잘할지도 모른다.

내가 돈이 넘쳐서 커피집에 가면 아무도 먼저 내지 않는 커피값을 내는 것이 아니다. "뭐 마실래?" 화기애애하게 물어보고 나서. 그 "누가 낼까?" 하고 머리 굴러가는 정적소리로 우리의 관계의 정도를 느끼고 싶지 않기 때문이다. 내 소중한 시간을 낭비하고 후회하고 싶지 않기 때문이다. 내가 만나기로 선택하고 나간 사람이라면 그만한 가치는 있는 것이 아닌가? 삶의 만남과 인연이라는 것을 귀하게 여겨서, 내가 다른 곳에 안 쓰고 기꺼이 내는 거다. 커피값도 아까운데 왜 나를 만나러 나온 것인가? 상대방을 호구로 대하는 당신의 태도는 당신을 더 만나고 싶지 않게 하는 것이다.

사실 이런 생각도 못 하다가 작년에 내가 있는 기업에서 어떤 직원을 만나서 알게 된 것이다. 그동안은 '젊은 사람들이라 몰라서 그래. 내가 이렇게 줄 수 있어서 좋은 거야. 모르는 사람도 베푸는데 뭐' 이렇게 나를 이해시켜왔다.

난 그 친구를 내 휴대폰에 '예쁜*** /찜꽁마미'라고 저장해뒀다. 그 친구는 내가 입사한 지 몇 개월 만에 지방에서 결혼식을 하게 됐다. 같은 부서이다 보니 청첩장을 주면서 무척 미안해하는 거다. "선생님, 우리 팀 다 드리는데, 선생님께만 안 드릴 수도 없고, 받으시면 부담가지실까 봐 제가 너무 고민이 됐어요." 이렇게 말하는 거다. 나는 그 젊은 친구의 그 말이 참 솔직하고 사려 깊게 여겨졌다. 그 마음이 내게 전해졌기에 난 진심으로 축하와 선물을 해줬다. 물론 그렇게 해줄 수 있어서 너무 기뻤다.

그랬더니 그 친구는 결혼식 후 회사 사람들에게 답례품과 식사까지 따로 대접했었다. 그것으로도 참 신경 많이 쓴다고 생각했다. 왜냐하면, 같은 회사 사람인데도 식사 한번, 커피 한잔 없이 톡으로 청첩장을 보내는 사람들이 있었다. 축의금을 톡으로 보내면, 그 이후로 아무 연락이 없는 친구도 기억난다. 그러니 이렇게 식사하면서 결혼식 후기를 들려주는 사람은 기억에 남을 정도다.

오죽하면 내가 아는 청소년 상담복지센타에는 이런 결혼식이나 장례식을 하고 나면, 답례선물을 하는 것을 아예 내부 규정처럼 정해 놓았다고 했다. 사소한 거 같지만, 돈이 오가는 이 지점에서 우린 감정이 상한다. 유치한 거 같아서 대놓고 다 말 안 하거나, 못하고 넘겨서 그렇지 그런 부정적 감정들이 올라오고 쌓인다. 당신은 그렇지 않은가?

그런데 이 친구를 내가 이렇게 쓰면서까지 기억하는 이유는, 그 친구의 마음 때문이다. 결혼 후 바로 임신으로 나와 1년도 함께 못 지내다가 육아휴직을 들어간 친구가 내 딸이 고등학교 입학한 걸 축하한다고 톡으로 선물을 보내왔다. 내 딸아이 이름도 정확하게 기억하고 있고, 요즘 아이들이 좋아할 만한 예쁜 지갑을 아이가 선택할 수 있게 선물 이모티콘으로 왔다.

난 깜짝 놀랐다. 어떻게 이런 생각을 할까? 처음 경험해보는 일이었다. 대학원 선후배들 결혼식, 장례식, 아기 백일, 돌잔치 등 그렇게 챙겨 주고, 나는 이미 다 지나간 그런 의례여서 한 번도 받아 본 적이 없는 뜻밖의 선물이었다. 내 딸의 고등학교 입학을 이렇게 축하해 주다니 감동적이었다. 일단 기억해주는 그 마음과 정성이 내게로 닿았다. '그렇지 마음은 이렇게 주고받는 거지. 나도 이렇게 기쁘구나. 나도 이제 이렇게 주거니 받거니 기쁨을 누리리라. 내 마음 알아주고 서로 관심 기울이는 그런 관계에 시간을 내리라. 내 이런 마음을 이기심이라' 생각하고 숨기려 했었다. 내 계산하는 마음도 그랬고, 예민하게 속으론 다 따지고 있으면서 아닌 척 더이상 연기하지 않으리라. 그녀도 편하게 살라고 말해주고 싶다.

어른들이 내게 해주는 "참 착하지, 어떻게 그렇게 알아서 잘하니? 어쩜 그런 마음을 쓰니? 대단하다!"란 말로 내가 사랑받고 있다고 확신했다. 그럴 때 안심이 됐다. 이렇게 자란 사람들은 어딜 가서나 나이가 들어서도 계속 타인들의 이런 감탄사를 들으려고 한다. 관계 속에서 감탄사를 들어야 자신이 괜찮다는 안심 사인으로 받아들인다는 거다.

그래서 남들이 안 하는 헌신과 희생을 과하게 하려 했다. 그러니까 자꾸 서운하고 억울한 거다. 과거엔 그렇게 해야 살아남을 수 있고, 관심받을 수 있다고 생각했을 수 있다. 그래서 당신의 몸과 마음이 얼마나 아팠는가? 이젠 그냥 당신의 그 고운 이기심과 자기 중심성을 드러내라. 그것은 나쁜 것이 아니다. 그대로 존중하고 만나주면 그만이다. 치유할 대상은 오직 나이지 타인이 아니다.

타인의 시샘과 질투를 받는다면
잘살고 있다는 증거

교육분석을 받는 전문가 선생님의 '10분 늦어진다'는 문자를 받고 노
트북을 켰다. 이렇게 기다릴 수 있는 교육분석 내담자가 있어서 감사하다.
요즘은 그녀가 나날이 편안해지는 얼굴로 일상에서 나처럼 감사를 경험하
며 살고 있다고 하니까, 그런 모습을 볼 수 있어서, 들을 수 있어서 감사하
다. 내담자들이 좋아지고 있다. 일상에서 일어나는 자신의 이런 감정변화
에 대해서 마주하기 싫은 감정들에 대해 받아들이고 느끼면서 알아차리고
있다. 힘들 텐데 정말 잘하고 있다. 고맙다. 예쁘다. 지지하고 응원한다.

내가 이렇게 일상과 일에 대한 감사를 푼수처럼 늘어놓을 수 있는 곳
은 유일하게 일기장과 강의장뿐이다. 사소한 것에 감탄하고 감사하고 산
다고 해도 이런 나의 말을 눈살 찌푸리며 듣는 사람도 많다. 물론 그들 삶
이, 관계가 힘들어서 그렇게 보이는 것일 테지만, 속으로 "잘난척하고 있

네. 쇼 하는 거 아니야?"라며 콧방귀 끼는 분도 있다. 그들이 오히려 내 가까이 있다. 가족일 수도, 학교 선 후배 일수도, 또 회사의 어떤 사람일 수도 있다.

사실 그렇다고 매일 내가 이렇게 감사만 하고 살면 좋으련만. 얼마 전까지는 하고 싶은 게 없었다. 아니, 해야 할 것이 너무 많은데, 아무것도 하기 싫었다는 것이 더 정확한 표현이다. 순간 딱 죽었으면 좋겠다고 생각했었는데 이렇게 감사라니. 마음도 주식처럼 변동성이 장난이 아니다. 이렇게 수시로 왔다 갔다 하는 내 마음을, 나도 박사과정 중에 교육분석을 가서 분석가에게 그대로 꺼내 놓았었다.

나의 분석가들도 내게 이런 감정이었을까? 문득 정신분석으로 상담했던 분석가 선생님이 떠오른다. 꽤 많은 분석 회기 진행 후, 선생님은 내게 어금니 품은 말투가 줄고 얼굴에서 소녀가 보인다고 했다. 평소 나에 대해 이렇다저렇다 말씀이나 피드백이 없으신 분이셨다. 이게 또렷이 기억나는 거 보면, 그땐 내겐 그런 진솔한 관심과 반영이 많이 필요했고 간절했었나 보다.

나도 내 마음을 들여다본다고 많은 분석 선생님을 찾아다녔다. 처음엔 뭣 몰라서 유명하거나 학회에서 이름 들어 본 교수님께 받았었다. 아마 내가 그때는 준비가 안 돼 그랬겠지만, 머리로는 이해가 잘 됐다. 하지만 가슴으로 느껴지거나 일상에서 내 변화를 느끼기보다는 자꾸 그 선생님께 '맞다, 틀리다'를 확인하러 가는 느낌이 컸다.

많은 분석 상담을 받으면서 내가 알게 된 것이 있다. 나는 내 존재를 있는 그대로 이해받고 싶었지 립서비스 같은 칭찬을 듣고 싶었던 것은 아니었다. 나는 내 속의 부정적인 생각과 감정을 꺼내어 나를 이해하고 싶었지, 논리로 내가 미워하는 대상이 왜 그럴 수밖에 없었는지에 대해 추측해서 분석하고 싶지는 않았다.

또, 나를 잘 알기도 전에 칭찬을 주는 분들의 얘기보다 담백하게 내 얘기를 귀담아들으시려는 태도가 오히려 존중받는 느낌이 들었다. 아무 피드백이 없는 것이 나았다. 적어도 평가받는 느낌은 덜 했으니까. 나는 그랬다. 내가 내 서러움에 슬픔에 겨워 하염없이 울 때, 혼자 조용히 자기의 흐르는 눈물을 휴지로 닦던 선생님의 그 행동이 내가 받은 가장 기억에 남는 공감이다.

그래서 그분이 내게 소녀의 모습이 보인다고 했을 때, 그 말이 진짜로 다가왔다. 그때 이후로 나는 립서비스는 안 하는 게 관계에서 더 낫다는 것을 알았다. 오히려 그것을 안 하는 것이 내 진심을 전하기 좋은 태도라는 것을 알게 됐다는 말이다.

이런 나의 말과 태도에 대한 철학은 그러다 보니 개인상담을 하든, 강의를 하든, 집단상담을 하든 군더더기 없이 솔직하게 드러난다. 어떤 이는 솔직해서 좋다고 하지만, 어떤 이는 이렇게까지 깊이 있게 파고들 줄 몰랐다며 당황스러워한다. 적당히 얼버무려 말하고 도망가고 싶은데, 그럴 틈을 주지 않는다고 말이다. 그런 분들은 그냥 미리 도망가셔라. 붙잡지는 않을 테니.

내 삶의 목표는 실제적인 영향을 주는 것이다. 그것이 변화이든 발견이든 이론적인 설명을 하기보다, 그래서 현실에서 어떻게 해야 하고, 적용하는지에 대한 얘기를 전하고 싶다. 나는 그렇다. 내가 간절했었으니까. 실제적인 마음의 고통으로 힘든 사람들이 꼭 신체적 증상으로 드러나야 그때야 병원에서 후회하며 자신의 삶을 돌아보며 운다. 미리 나하고 상담에서 그 아픈 감정을 만나 울면 좋겠다. 그래서 아프지 않게, 삶에서는 가끔은 웃으면서 살 수 있도록 말이다.

나의 이런 분명한 상담에 대한 태도는 명확했기에 시샘을 받았던 것 같다. 이런 솔직성이 아무 때고 드러나기 때문에 어느 곳에서나 부러워하는 시선도 있고, 못마땅하게 바라보는 시선도 동시에 느낀다. 그럴 때 나는 그냥 긍정적인 시선을 의식하기로 선택한다. 그래서 마냥 솔직하게 "나 같은 사람도 했으니 당신은 당연히 할 수 있죠. 그럼요, 그렇고 말고요"라며 나의 긍정 마인드는 아이처럼 반응한다.

내가 이렇게 경험한 것을 자유롭게 표현하니, 수업 시간 과제 발표를 해도 튀고, 대학 특강이나 기업에서 강의해도 만족도가 높게 나온다. 이 말은 사람들도 사실은 교육에서도 이렇게 솔직하게 주고받는, 자유로운 소통을 기대한다는 증명이기도 하다. 그래서 나는 섭외하면 강의 만족도 점수는 걱정할 필요 없는 강사로, 업무 담당자들끼리 공유하는 전화번호 이기도 하다. 쓰다 보니, 이 또한 감사하다.

대학 축제 때 했던 연애특강에선 학생들이 웃겨서 난리가 났었다. 학생들에게 대강당 들어오기 전에 포스트잇에 현재 자기 연애문제에 대해 질문하고 싶은 것을 적도록 했다. 강의 시간에 강사한테 질문하기는 쑥스럽지만, 사실은 자기 문제를 해결하고 싶은 욕구가 크지 않은가? 안 그러면 연애특강이 수업도 아닌데 왜 그 시간을 들여서 오겠는가.

법륜스님의 즉문즉설처럼 학생들의 현재 연애 고민에 대해 할 수 있는 한 답해가면서 강의를 진행했다. 다들 자기의 고민이니까, 자기도 생각했던 거니까 공감대 형성도 됐고, 그들의 언어로 말하니까 우린 한마음이 됐다.

상담심리전문가 선생님이 우울함이나 관계에 대해 이론적이고 그저 좋은 말만 해주실 줄 알았는데 너무 솔직하고 현실적인 얘기를 하니까 학생들이 그 대답에 웃음도 나고 공감도 되는 거다. 지금도 네이버에 내 이름을 치면 학생들의 강의 후기를 읽을 수 있다. 기대가 없었는데 위로가 됐다는 그 말. 난 대학 수업 시간에 그 시간이 어떤 한 사람에게 힘을 낼 수 있는 시간이었다면 그것으로 그만이다. 충분하다. 그래서 난 내 강의를 들을 때는 쓰거나 적지 말고, 가슴으로 느끼라고 한다. 가슴에 적시라고.

서울대에서 진로집단상담을 진행할 때 학생들이 너무 기다려지는 수업이고, 수업 시간에 이렇게 울고 웃으면서 행복감을 느낀 적이 처음이라는 소감도 많았다. 또, 홍대에서 스트레스 관리 특강에서 화상으로 진행하는데, 오디오만 켜고 화면을 끄고 듣던 학생들이 화면을 켜기도 했고, 채팅창에 너무 감사와 힐링 되는 수업을 듣는다고도 했다.

나는 곳곳마다 늘 부러운 사람이 있었다. 지금도 때때로 있다. 어떤 사람은 우아해서 부럽고, 어떤 사람은 타고 난 달란트가 많아서 시샘이 난다. 어떤 사람은 바로 실행하고 끝까지 해내는 그 모습이 질투가 나고, 어떤 사람은 하루를 이틀처럼 사는 것이 멋져서 감탄사가 절로 나온다. 그럴 때 난 또 알게 된다. "아, 내가 저렇게 하고 싶구나. 나도 저렇게 되고 싶구나."

요즘 내 안에는 '가난하게 태어났지만, 죽을 때는 부자로 죽겠다'라는 어느 은행지점장님의 삶을 시샘하고 있다. 사실 그분은 지금 부자다. 9년째 목격한 그분의 삶은 매력적이고 다양한 경험들로 가득 차 보인다. 매주 일요일 새벽에 화상으로 스터디하는 멤버로 그분은 내게 감정을 다루는 것, 만나는 것, 지도하는 것에 대해 배우기도 하신다. 우린 서로 부럽다고 한다.

지금 당신 곁에 이렇게 구체적으로 시샘을 부릴 수 있는 대상이 있다면 감사하라. 당신이 되고 싶은 미래를 보여주는 것이다. 난 부러우면 지는 게 아니라 오히려 동기부여 된다고 생각한다. 당신도 하고 싶고, 되고 싶다는 그 욕구를 먼저 인정해라. 그리고 당신의 그 욕구와 소망이 이루어졌다고 구체적으로 상상해라. 오히려 그게 낫다

오늘 걱정하는 일의 대부분은
내일 일어나지 않는다

해외에 있는 유학생들을 상담하거나 개인 지도하면서 나는 그곳을 여행하는 기분이 든다. 중국의 유학생은 어떻게 살고 있는지, 수업하는 교수님들은 어떤지, 학식은 무엇을 먹는지 등 상담하다 보면 자연스레 알게된다. 그 일상 속에 그들의 불편감들이 올라오기에 경청하다 보면 풍경처럼 그려진다.

올 초까지 코로나 봉쇄로 매일 어떤 불편을 겪는지, 나라별로 실행되는 코로나 대처 방법은 어떤지를 학생들의 이야기로 접한다. 미국에 있는 친구는 동네에서 반 마스크 착용 시위를 하는 것을 봤다고 했다. 그리고 얼마 가지 않아 외출 시에 마스크를 하지 않는다고 했다. 그런데 중국에 사는 친구는 집 밖으로 나갈 수도 없다. 아파트 밖으로 나가려면 매번 검사하고, 그 확인 코드를 보여줘야 했다. 하루에도 그렇게 다른 경험을 보면서, 나도 어쩌면 우물안에 개구리처럼 살아왔을지 모르겠다는 생각을 한

적이 있었다. 아무튼, 시차가 있으니까 해외상담은 내가 점심시간이나 아니면 아주 이른 새벽에 주로 하게 된다.

미국에 조기유학을 간 학생이 대입이나 대학원을 어떻게 준비하는지, 화상 과외 스케줄이 얼마나 빽빽하게 진행되는지, 그런데도 매주 보는 테스트에서 점수가 나올 때마다 얼마나 마음을 졸이는지 안다. 한 1년 동안 자기는 이러다가 대학도 못 갈 거 같다고 매주 불안감, 좌절감, 낙담을 만났었다. 또, 마음속으로는 친구를 얼마나 그리워하는지, 얼마나 놀고 싶은지, 게임도 함께하며, 시시콜콜한 얘기로 웃고 싶은지 안다. 그럴 때마다 우울감과 무기력감이 한 참 올라왔었다. 그렇지만 고단할 부모님의 마음도 살피느라, 힘들다고 내색하기 어렵다는 그 다 자란 것 같은 가슴에 함께 머문다. 이렇게 걱정을 넘어서 이제 그 청년은 어엿한 대학생이다. 자기가 원서 넣은 대학에 거의 다 붙어서 골라서 갔다.

또, 뉴욕에서 일하고 있는 청년 직장인의 고충을 들으며, 외국인 노동자로 백인사회에서 어떤 이질감을 경험하는지 생생하게 들었다. 어떻게 차별을 경험하는지 아주 작은 단어와 분위기로 감지하는 그 청년의 그때 경험한 감정에 접촉한다. 그러면서 아시아계 유학생들이 그곳에서 무엇을 참고 견디는지를 간접적으로 알게 된다. 그렇게 한 달 동안 번 돈으로 절반 가까이 주거비용의 월세로 낸다. 맛없는 패스트푸드 같은 식사에 3만 원가량 비용을 내면서 점심을 외롭게 먹는다는 것도 듣는다.

그러다 삼킨 서러움과 슬픔이 폭발해 집에 오면 멍하니 누워있다. 주말엔 꼼짝하지 않고 누워있다. 어느 날은 느닷없이 눈물도 난다고 했다. 그런 하루를 들을 때는 너무 안쓰럽다. "그런데, 그렇게 힘든데도 왜 거기에 있어요?" 하고 물으면 "저도 모르겠어요, 선생님. 여기서 포기하면 안 될 것 같아요. 제가 실패자가 될 것 같아 두려워요. 한국에 돌아가면, 제가 무얼 할 수 있겠어요. 제 미래가 걱정돼서요. 뭐라도 이루고 가야 할 것 같아요"라는 그들의 고단함을 이기기 위한 답변을 듣는다.

그런데 모호하다. 이런 대답이 또 일상에서 자기 안으로 수없이 하는 질문이라고 했다. 노트북 화면에서 그들의 눈물 자국을 따라 마음의 길을 함께 간다. 충분히 그 걱정의 마음에 머문다. 또 무엇이 걱정인지 구체적으로 들여다본다.

그러다 보면 그 걱정과 불안 안에 그들의 소망과 욕구가 나온다. 사실 전문가처럼 살고 싶은 마음, 남들이 쉽게 쌓을 수 없는 해외 업무 능력을, 경력으로 더 좋은 조건으로 보상받으며 살고 싶은 마음. 성공하는 삶. 친구들뿐 아니라 누구도 함부로 할 수 없는. 성공.

이런 소망이 있다는 것도 그 눈물 자국과 한숨 소리를, 매번 멈춰 가며 만나 줬던 감정접촉 덕분에 알 수 있었다. 안 그러면 매번 한숨과 한탄을 하며 지냈으리라.

상담 안에서 자기의 감정을 만나다 보면 자기의 소망과 욕구, 꿈들이 올라온다. 되고 싶고, 하고 싶고, 이루고 싶은 삶의 모습들이 나온다. 그래서 걱정하는 거다. 그것을 이루며 살지 못할까 봐, 그렇게 못살고 인생이 지금 이 모습이 계속 지속될까 봐 걱정이 든다는 말이다. 사실은 그만큼 잘해내고 싶은 거다.

그럴 때면 나는 충분히 그 걱정하는 마음을 만나게 한다. 그게 불안으로 올라와 숨쉬기조차 어려운 신체 증상으로 나타날 때도 있다. 함께 그 신체 불편감에 의식을 두면서 감정을 수용하는 프로세스를 섬세하게 한다. 그러고 나서 미래에 어떻게 있고 싶은지 그 모습을 구체적으로 물어본다. 어디서 살고 있을 것 같은지, 어디로 출근하는지, 무얼 하며 여가를 보내고 있는지 등 아주 구체적으로 자기가 그리는 것을 상상하게 한다.

"다들 돈 많이 벌고 싶다고 하는데, 그렇게 돈이 많으면 어떻게 지낼 것 같은지? 어떤 꿈을 실현하고 싶은지?" 물으면 신나게 답한다. 물론 처음에는 어색해한다. 매번 안될까 봐 예방하느라 걱정하는 것에 말하는 것이 익숙하다. 그런데 그 걱정을 해서 이루고 나면 어떻게 지낼 것인지에 대해 질문하면 설렘으로 답하는 모습을 본다. 이거다. 걱정 속에는 이렇게 이루고 싶은 소망들이 설렘으로 가득 들어있다. 꼭 이렇게 살고 싶기에 그 수많은 날을 걱정 속에서 이것을 얻으려고 한다. 그러면 난 매일 얻었을 때도 구체적으로 좀 상상하라고 얘기한다.

막상 되면 당황스러울 거니까 어떻게 지낼지, 뭐 입을지, 그런 자신에게 뭐라고 말하고 싶은지도 좀 떠올려보자. 수많은 대학에 합격한 친구와 나는 취미생활은 어떤 거 할지, 동아리는 어떤 거 할지, 기숙사 룸메이트는 어땠으면 좋겠는지를 미리 생각하곤 했었다. 이왕 하는 생각이면 되는 생각을 하자는 말이다.

오늘 아침은 일이랑 대학원 공부를 함께하는 유학생 상담을 마치고, 그가 눈물을 담은 눈으로 이렇게 말했다.

"선생님, 제 삶을 느끼며 살 수 있게 돼서 기뻐요. 저는 이런 일상의 소소한 감사와 기쁨을 몰랐어요. 제가 운전하는 게 재미있는지, 샤워하면서 허밍을 하는지도 몰랐어요. 또, 껌딱지처럼 붙어있는 외로움도 이젠 잔잔히 만나면서 살 수 있을 것 같아요. 선생님 덕분이에요. 그런데 막상 선생님과 헤어져야 한다는 사실을 생각하니 또 슬퍼요. 예전엔 사는 게 힘들어서 죽고 싶고, 외로워서 죽을 것만 같았는데. 이젠 이렇게 깊은 대화를 매주 못 할까 봐, 그래서 다시 예전의 나로 돌아갈까 봐 겁이 나요. 그렇다고 평생 상담하며 살 수도 없는데 말이에요."

상담하다 보면 남자, 여자, 나이에 상관없이, 직업과 직책에 상관없이 많이 울게 된다. 그 친구는 똑똑한 사람이었다. 의욕과 패기로 도착한 해외 생활은 만만치가 않았다. 특히나 한국에서 고려해 보지 않았던 외로움에 대응하는 것은 날마다 두려웠다. 학교 카운슬러도 만나 봤지만, 언어의 한계인지 문화의 차이인지 불편했다. 방학 때 한국에 와서 정신과에 갔을 때 약물 처방을 받았지만 별 소용이 없었다.

그는 내게 메일로 자기소개와 화상상담을 요청했던 친구였다. 메일에선 자기는 알 수 없는 무기력감과 우울감으로 삶을 지탱하기 어려운 지경이라고 했다. 자기는 삶에서 이런 경험을 한 적이 없어서 무척 당혹스럽고, 여기까지 잘 왔던 자기가 이런 고민을 한다는 것이 겁도 났다고 했다. 상담에 대해 큰 기대는 없고, 그저 이런 자기 마음을 말할 수 있는 친구가 돼줄 수 있냐고 물었다. 자기는 변화하고 싶다고 했다. 좀 더 멋지고 당당한 사람으로.

그래서 내가 상담은 변화가 아니라 이미 당신 안에 있는 그것을 함께 발견해 나가는 과정이 될 것이라고 했다. 일상에서 그것이 경험되면 상담 목표에 도달한 것이니까 내게 알려달라고 했다. 그 친구는 일상에서 자기를 발견하도록 관찰하고 자기 내면에 집중했다.

그가 오늘 내게 이렇게 상담이 끝나는 아쉬움을 얘기한 것이다. 너무 감동적이라서 난 순간 소름이 돋아 물었다. 그랬더니 그가 자기는 원래 문학청년이었단다. 시를 좋아했고, 좋은 글은 외워서 다니다가 이성에게 편지로 써 주기도 했다는. 우린 서로 웃었다. 얼마나 멋진가. 이게 당신으로 사는 것이다.

지금부터 다른 사람이
뭐라고 하든 신경 끄기

혼자 있기를 즐기는 나를 왜 몰랐을까? 점심 상담이 취소돼 일하는 곳과 좀 거리가 있는 작은 수제버거 가게에 혼자 노트북을 메고 왔다. 이렇게 유학 생활을 하고 있었다면 얼마나 좋았을까?

나는 유학을 가고 싶었다. 그런데 아빠는 안 된다고 하셨다. 당연히 들을 말이었다. 형편도 형편이지만, 아빠는 나보고 중학교 때부터 고등학교도 상고로 진학하라고 하셨다. 공부할 필요 없다고, 은행원이 되라고. 여자가 하기 제일 좋은 직업이라고 하셨다. 돈도 많이 벌고, 여름이면 시원한 데서 일하고, 겨울이면 따뜻하게 일하고, 옷도 회사에서 맞춰 주니 얼마나 좋냐고. 그때는 그 말씀이 무척 짜증 나게 들렸는데, 지금 쓰면서는 웃음이 절로 난다. 아빠가 나를 잘 설득하려고 나름 여러 가지를 생각하셔서 한 말씀이란 게 지금 이해가 돼서 말이다.

박봉의 공무원 월급을 받으셨던 우리 아빠가 생각하는 가장 좋은 직업은 은행원이었다. 아빠는 '어떻게 하면 딸한테 이 직업을 잘 소개해줄까?' 하고 여러 가지 고민을 하셨을 거다. 내가 지금 아들, 딸에게 무슨 좋은 얘기를 해주려면 여러 번 고민하기 때문이다. 어떻게 하면 이 엄마 얘기를 그래도 좀 진지하게 들으려나 하고 말이다. 보통 부모가 하는 진지한 얘기는 귓등으로도 안 듣는다. 잔소리로 듣지.

그땐 너무 단박에 아빠에게 짜증을 냈다. 하나밖에 없는 딸에게 기대하고 생각하는 직업이 고작 은행원이라는 아빠의 말에 실망감도 들었다. 너무 내게 기대가 없는 느낌, 딸이라고 돈이나 벌어 시집이나 가라는 그 가부장적인 생각이 나를 화나게 했다.

내가 은행원을 비하하거나 우습게 알았던 것은 절대 아니다. 그건 아빠의 평소 말 습관이 한몫했다. 아빠는 "안 된다. 하지 마라"란 말을 워낙 많이 하셔서 아빠한테 특별히 물어볼 말은 없었다. 늘 나는 답을 미리 알고 있었기에 동생이랑 나는 적당히 하고 싶은 것들은 묻지 않고 했다. 뭘 물어봤을 때, 한 번에 "그래, 해봐, 잘했어, 알았어" 이런 말이 온 적이 거의 없다. 일단 무조건 '하지 마'였다.

사춘기 때는 나도 동생도 그 말버릇이 너무 듣기 싫어서 소리도 지르고, 짜증도 내고, 문도 쾅 닫고 나오기도 여러 번 했었다. 왜 그렇게 말하냐고. 같은 말도 좀 듣고 "천천히 생각해 보자" 이런 말도 있는데. "꼭 그렇게 김빠지는 말을 어쩜 그렇게 빨리도 하느냐"라고 따지기도 했었다. 그러면 매번 웃거나 머릿골이 아프다며 엄마한테 엄살을 부리셨다.

어렸을 때는 막연하게 외국에 나가서 생활해 보고 싶었지만, 요즘은 나이 들어도 이렇게 알아가고 배우는 게 재미있으니 더 넓은 곳에서 다양한 체험을 계속하며 살고 싶다. 지금 쓰면서 다시 확인한다. '그래서 내가 인생을 여행하듯 소풍 가듯 살고 싶어 하는구나. 난 그래서 그동안 여행을 많이 다녔구나.'

예전에 기업의 상담실 실장으로 있을 때, 교류분석 상담학회에서 주최하는 해외학자의 집단 워크숍에 참석했었다. 영국에서 온 로즈메리라는 교류분석 상담 전문가의 강의와 집단 워크숍이었다. 내가 기업에 있을 때라서 그런가, 그녀가 기업에 소속돼 있으면서 세계를 다니며 수퍼비전을 하는 것이 인상적이었다.

중앙대학교에서 스몰그룹으로 나눠 워크숍을 진행하던 중 그녀는 나의 분홍색 구두와 스카프가 잘 어울린다고 여러 번 다가와서 말해줬다. 그녀는 원색적인 푸른 원피스에 빛나는 옥색 반지를 끼고 있었다. 나도 그녀의 그 스타일이 참 멋스럽다고 생각했는데, 이런 코드가 맞았는지, 뒤풀이 자리에서도 옆에 앉아 얘기를 나눴다.

그녀가 "허클(Huckle: 나의 영어 닉네임), 사람들이 당신에게 말한다고 그 말을 다 들어야 한다고 생각하지 마세요, 그 반응을 어떻게 할지는 당신의 선택이에요. 당신의 인생이니까요. 누가 뭐랄 수 없잖아요"라며 나를 격려해줬다.

그리고 다음 날, 팔당에서 작은 규모의 깊이 있는 워크숍과 집중 질의·응답 시간이 있었다. 난 그녀에게 "로즈, 당신은 어떻게 그렇게 조직에 소속돼 일하는 상담자면서, 이렇게 세계를 다니며 수퍼비전까지 할 수 있는지 놀랍다. 어떻게 전문가로 당신을 관리하나? 나도 기업에 있는데, 무척 궁금하다. 유용한 팁이 있으면 한국의 선생님들에게 알려주길 바란다"라고 안되는 영어를 해가며 질문했었다.

로즈는 웃으며 "허클, 나는 말이지 그때그때 옷을 참 잘 벗어. 상담실에선 상담사 옷을 입고, 집에 가면 할머니 옷을 입고 손주랑 놀아. 또, 한국에 방문할 때는 호기심 가득한 자유로운 어린아이 같지. 난 늘 현재에 있으려고 해. 허클, 그게 나의 관리 팁이라고 할 수 있어"라고 흔쾌히 대답했다. 로즈는 어떤 역할로도 그 '나'라는 존재를 침범할 수 없다고 했다. 로즈의 그 말은 내게 꽝 머리에 도끼를 찍는 것 같은 통찰을 줬다. 그게 내가 그렇게 많이 읽었던 다양한 명상, 마음챙김에서 말하는 현존하라는 말이었다.

재수는 안 된다는 아빠의 말에 내가 원치 않던 대학에 입학하면서부터 난 내 인생이 희망이 없는 줄 알았다. 대학과 사회에 대한 정보가 없었던 내게 선택의 판은 그 대학순위별 입학 안내가 전부였다. 그것도 함께 의논하고 나눌 사람이 없었다. 내가 대학에 가는 것이, 어느 대학에 가는 것이 그렇게 중요하지 않았다. 거기에 그렇게 의미를 두는 사람도 없었다.

다만, 내가 대학을 잘 가면 엄마 아빠가 "그래, 알아서 잘하던 우리 딸이 역시 대학까지 잘 갔네"라며 자랑스러워하실 것 같았다. 공부 잘하고, 알아서 어른들 잘 챙기면서 기특한 아이였으니까. 맏딸로 있어서 살림살이에 도움이 되고, 엄마에게 의지되는 딸, 동생에게 잘 챙겨 주는 누나, 아빠의 주말 모임에서 자랑할 수 있는 딸로 살았으니까.

로즈가 말한 '어떤 역할로 나란 존재를 통제하고 규정할 수 없다'라는 말을 내가 그때 알았다면, 누군가가 내게 이런 말을 해줬다면 얼마나 좋앉을까? 내가 달리 살았을까? 그런 집에서 나는 혼자 공부해서 고등학교 때 학교에서 무료로 외부 강사를 모셔와 논술 과외를 시켜줄 만큼 성실했고 모범생이었다.

갑자기 대학입시가 수능으로 바뀐 첫 세대라 학교에서 상위권 친구들은 그렇게 신경을 써주셨다. 부모의 재산이나 관심이 없는 아이 중에 유일하게 내가 그 무리에 있었다. 그래서 그 아이들이 부모의 어떤 관심과 보살핌을 받는지 구체적으로 알 수 있었다. 쉬는 시간에 아이들은 과외선생님 뒷담화와 어디 학원이 어떤지에 대한 얘기를 했고, 논술수업이 끝나면 부모님이 학교에 데리러 왔다.

엄마가 공부하라고 하셔서 짜증 난다는 부반장의 그 말이 나는 그때 너무 부러웠다. 아니, 간절했다. 나를 누가 좀 그렇게 챙겨주고 리드해주길 바랐었다. 그런데 우리 집은 아빠는 돈 드는 일은 무조건 하지 말라고 하셨고, 주말이면 이웃집 분들이 놀려 오셔서 늘 잔칫집 같았다.

또, 금요일 저녁부터 가요 무대에 엄마 아빠가 좋아하는 가수가 나오면 소리치셨다. 빨리 와서 보라고. 주말이면 전국노래자랑, 장학퀴즈를 보고, 시험 기간이라고 내가 오래 불을 켜고 공부하면 그만 자라고 오히려 역정을 내시던 분. 나의 아빠.

내가 가정을 이루면 정말이지 거기 친구들이 욕하던 그런 엄마가 되고 싶었다. 아이 공부도 미리 신경 써서 함께해주고, "돈이 없어서 못 한다. 안 된다"라는 말을 하지 않는 그런 부모가 되고 싶었다.

그래서 내가 아이들을 그렇게 알뜰살뜰 마음 쓰며, 다양한 체험 하면서 자유롭게 키웠으니까 내 소망은 이룬 셈이다. 그렇다고 내 아이들이 자기들의 욕구가 다 충족됐을까 그건 모를 일이다. 다만, 나는 내 소망을 실현하며 살아온 것이다. 그러면 내 아빠도 그랬을 거다. 당신이 이루고 싶은 거, 당신이 소중하다고 여긴 것을 지켜온 것이리라.

그러니까 당신에게 하는 말이다.

남의 비판의 말을 천둥소리처럼 듣는 당신에게 하는 말이다.

지금부터 다른 사람이 뭐라고 하든 신경 쓰지 말라.

당신 인생이니까.

특히, 그 다른 사람이 가족이라면 더더욱 당신의 목소리를 내라.

어떤 역할로도 당신이란 존재를 통제하고 규정할 수 없다.

사람과 사람 사이에도
적당한 거리가 필요하다

　그녀는 학창 시절부터 지금까지 또래 중에서 소위 잘 나가던 사람이었다. 공부도 잘했고 남들이 부러워할 만한 대학교도 졸업했다. 또 뭐니 뭐니해도 친구들보다 취업도 빠르게 성공했다. 남들이 다 알만한 대기업까지 입사하고 나니, 이제 다음 인생 과제인 결혼을 잘해야겠다는 생각이 들었다고 했다.

　사랑해서 하는 결혼이라지만, 이왕이면 기반이 있는 적어도 자기와 비슷한 사람이거나, 더 나은 수준의 사람과 교제하고 싶었다. 그래서 결혼도 성공적으로 하고 싶었단다. 많이 만나보고 경험해야 결혼도 손해 없이 잘한다는 생각이 있었지만, 겉으로는 아닌 척했다.

　지금까지 그래 왔듯이 승승장구 자기 인생을 결혼으로 더욱 업그레이드하고 싶었다. 결혼 잘못하면 인생 망가진다는 것을 주변에서 많이 봤기에, 아니 솔직히 엄마처럼 살고 싶지 않았기에 배우자를 까다롭게 고르기로 했다.

그 계획으로 인증 절차 까다로운 만남 앱을 활용해 마음에 드는 이성을 만났다. 서로 까다로운 그 인증 절차를 다 했다는 것만으로도 안심됐다. 일단 소속, 학력, 연봉 수준 등 나쁘지 않았고, 서로가 마음에 들어 만났으니 첫날부터 호감이 갔다. 그래서 이제 연애도 열심히 했다. 3개월 동안 친구들에게 자랑스러운 연애 스토리를 인스타와 카톡 프로필로 마음껏 어필하고, 정말이지 삶이 승승장구라고 여겨졌다.

그런데 상대방이 점점 연락이 뜸하더니, 가끔 잠수도 타고 급기야 헤어지자고 통보했단다. 그녀는 '내가 이별을 말해도 아까울 판에, 나한테 이렇게 일방적으로 이별을 고하다니 말도 안 된다'라고 생각했고, 처음엔 너무 화가 났다고 했다.

그날부터 그녀는 알 수 없는 신체적 증상(과호흡, 불면, 소화불량 등)으로 잠도 못 자고 밥도 제대로 못 먹는 일상을 보냈다고 했다. 자꾸 눈물이 아무 때고 나왔다. 이러다가 정신병자가 될 것 같은 두려운 생각조차 들어서 정신과를 방문했다고 했다. 정신과 의사와 면담 후 약물을 처방받고 나왔지만, 이건 아니다 싶었다. 정신과 약을 먹는 사실을 받아들이기가 어려웠다고 했다. 이렇게 자기의 상담실 내방 경위를 길게 설명해줬다. 이건 다만 그녀만의 이야기는 아닐 것이다. 또, 무슨 결혼 상대를 그렇게 만나냐고 손가락질할 수 있을까? 다들 이왕이면 이랬으면 하는 마음들이 있으니까 말이다.

요즘은 앱으로 많이 만나고 헤어진다. 인증하기 위한 그 소속과 스펙을 쌓기가 어렵지, 만남이 쉬운 만큼 헤어짐도 빠른 것 같다. 인증 절차를 통과하고 사진 프로필로 호감을 표시하고 바로 만난다고 하니, 더 나은 프로필이 나타나면 갈아타기가 쉬운가 보다.

어떤 친구는 매일 다른 사람 만나는 약속이 앱 스케줄에 빼곡하게 있었다. 한 2~3개 앱으로 동시에 약속을 잡으면 언제든 이성을 만나는 것은 충분히 가능하다는 것이다. 또, 만나러 나오는 사람들도 상대방도 다른 리스트가 있을 것으로 생각한다고 했다. 상대방에 대해 탐색도 하지만, 쉽사리 '이 사람이다'라는 결정은 어려운 것 같다. 막상 이 사람이라고 해서 연애를 진행했는데, 더욱더 나은 사람이 나타나면 어쩌냐고 고민한다.

그녀가 그렇게 신체 증상까지 오면서 화가 난 이유는 '더 나은 조건의 사람을 포기하고 너를 선택했는데, 어떻게 감히 네가 나를 선택하지 않을 수가 있어?'라고 했다. 친구들이 그런 쓰레기 같은 인간은 빨리 잊어버리고 더 나은 사람 만나서 잘사는 거 보여주는 게 이기는 거라고 하지만 가슴엔 와 닿지 않았다.

오히려 '내가 무엇을 잘못했을까?'를 자꾸 생각하게 된다고 했다. 만나서 사귀는 동안 그녀는 자기와 너무 비슷하고 대화가 되는 그 사람에게 마음이 많이 갔다고 했다. 자기의 모습을 보는 것처럼 안쓰러웠다고. 그래서 마음을 다 줬다고 했다. 저런 사람이라면 사랑해도 되겠다는 생각이 들었다고 했다.

모든 것이 너무 잘 맞아서 절대 그렇게 빨리 헤어질 거라고 생각도 못 했다고. 그래서 너무 당황했고, 시간이 지나니까 황당해서 화가 났다고. 그런데 자꾸 생각나고 잠도 안 오고 먹을 수 없을 정도로 일상이 무너졌다고. 자기가 이러고 있는 것 자체가 충격인데 헤어 나올 수가 없다고. 이러다가 다 무너져내릴 것 같다고. 겁이 난다고. 예전의 나를 찾을 수 없을 것 같다고.

이 말은 기업에서 사내 연애를 하다가, 이별 통보를 받고 이직 준비 중이던 어떤 청년의 말이기도 했다. 사는 방법과 의미를 잃어버린 것 같다고 폐인처럼 지냈었다. 너무 달콤한 연애를 경험하다가 맞는 이별 통보뿐만이 아니다. 너무 오래 익숙하게 동거하며 지낸 커플 사이에서도 경험하는 증상이기도 하다. 내가 대학에서 만난 어떤 학생은 캠퍼스 커플이었다. 꽤 오래 안정적인 연애를 해와서 졸업하면 당연히 결혼할 거라 얘기했었다고. 그래서 직업도 서로 함께 의논하면서 미래 가정을 위해 설계했었다고. 자주 싸웠고 그러다가 또 아무렇지 않게 일상을 보냈었기에 그날 싸움도 그런 에피소드로 여겼다. 그런데 동거하던 연인이 더는 자기의 자취방으로 오지 않았을 때도 나타났던 증상이다.

짧게 만나든, 길게 만나든, 그게 사랑이든, 그것이 우정이든 간에 아주 친밀한 관계 안에는 어떤 보이지 않는 투명 선이 있는 것 같다. 나도 누군가에게 나의 어떤 감정에 대해 말하고 싶을 때가 있다. 예전엔 그 대상이 어김없이 호수 같은 어떤 선생님이었다. 내가 무슨 말을 해도 다 들어주고, 내가 어떤 언행을 하더라도 '무슨 이유가 있겠지' 하고 기다려 줄 것 같은 사람. 나를 전적으로 믿어 줄 한 사람. 그래서 내 속에 드는 생각이나 느낌을 다 말할 수 있었던 사람. 따뜻한 위로에 더 솔직하게 나의 세계를 오픈했던 사람. 비밀이 없어진다고 할까? 내가 하는 부정적 생각이나 느낌, 타인에게 갖는 불편감, 조직에 갖는 불만을 다 토로해도 밖으로 나갈까 염려가 되지 않던 든든한 내 편. 언제까지고 내 곁에 있어 줄 거라고 믿었는데, 그 굳건한 믿음도 어느 한순간에 통보로 깨진다.

이 언제까지고 내 곁에 있어 줄 거라는 나의 이 믿음과 생각이 클수록 충격이 큰 것 같다. 버리고 버려지는 것들이 물건만은 아니니라. 쓰다 남은 선물만은 아니니라. 톡으로 빈자리로 전화로 싸한 표정으로 감지할 때의 그 느낌은 모든 기능을 멈추게 한다. 모든 일상을 멈추게 한다.

그때야 알게 된다. 그렇게 아파지고 나서야 안다. 누구도 나일 수 없음을. 누구도 나처럼 생각하지 않고, 누구도 나와 같은 마음을 가질 수 없음을. 어떻게 그럴 수 있냐고 소리쳐도 소용없다. 떠난 그도 다 나와 같은 내적 이유가 있고 충격이 있을 테니까. 할 말이 많을 테니까. 자기만의 타당한 근거가 있을 테니까.

이젠 받아들여라. 이래서 사람과 사람 사이에도 적당한 거리가 필요하다. 어느 누구도 나일 수 없다. 나를 이해하고 받아들일 수 없다. 나밖에는 없다. 그렇게 홀로된 그 느낌을 감당하기가 누구나 어렵다. 너무 무겁다. 처음엔 너무 두렵다. 조용히 자기를 돌아보며 하염없이 눈물이 흐르기도 하고 멍하게 있기도 한다. 어디서부터 잘못됐는지 비디오 돌려보듯 찾는다. 아무리 찾아도 모르겠다. 왜냐하면, 당신 잘못이 아니기 때문이다. 어디에 말한들 이 공허가 줄겠는가. 그저 느낄 뿐.

내가 편안함을 느끼는 사람이
좋은 사람

난 호기심이 많다. 홍대에 개인지도로 가끔 나가는데, 자주 가는 그 건물 앞에 사람들이 늘 줄지어 서 있는 한 음식점이 궁금했다. 일본인이 운영하는 라멘집이라고 했다. 도대체 무슨 맛이길래 저렇게 매번 줄을 서나하고 궁금증이 났었다. 오늘은 식사 시간이 아니라서 줄이 없다. 왠지 나도 한번 먹어보고 싶어서 다녀왔다. 그런데 정말 내겐 별맛이 없었다. 딸이 좋아하는 마라탕 맛이라고 해야 하나, 그 소스 맛이 그득한 것이 아무튼 내가 선호하는 맛은 아니었다. 이렇게 망한 경험을 하고 나서야 비로소 나는 '맛이 별로구나' 하고 답을 내린다.

마음속에 있는 호기심은 이렇게 잘 풀어내고 직접 경험하면서, 왜 묵어있는 내 감정은 풀어낼 줄을 몰랐는지. 왜 하기 싫은 것을 억지로 했었는지. 왜 해야만 한다고 생각되는 것들은 그렇게도 많았는지.

이젠 아무리 누가 와서 내게 미래에 좋다고 말한다고 해서 그냥 그것들을 하지는 않는다. 더 이상 하기가 싫다. 좋다고, 좋을 거라고 해서 하는 그런 일들은 내게 사실 체감되지 않았다. 그래서 아들이 이해가 간다. 왜 놀고 싶고, 즐기고 싶은지. 어쩜 내 아들, 딸도 어린 날 나처럼 이런 마음을 알게 모르게 많이 겪었을지도 모르겠다. 아무리 내가 그들의 마음과 함께 있으려 노력했어도, 그들 각자의 그 순간의 경험은 늘 주관적일 테니까. 또, 나도 완전한 성숙한 인간이 아니었기에 그 발달과정에서 얼마나 미성숙했을까. 지금도 마찬가지지만 말이다.

난 나의 딸, 아들과는 죽는 날까지 편한 대화가 되는 사람으로 있고 싶다. 엄마의 역할만 하는 사람 말고, 대화가 되는 존재로 있고 싶다는 말이다. 그들이 일상의 경험에서 만났던 신나는 거, 힘든 거, 망했던 순간들을 머리 쓰지 않고 말할 수 있는 대상으로 있고 싶다. 그런 말을 하고도 '우리 엄마가 나 찌질하다고 생각하면 어쩌나, 나 나쁘다고 여기면 어쩌나' 걱정하지 않는 그런 존재로. 그렇게 자연스레 있다가 천국으로 가고 싶다. 함께 나눈 마음만큼 귀하고 오래가는 게 없는 것 같다.

이것은 지난날 어린 시절의 내 다짐이기도 했다. 난 엄마의 힘든 얘기는 울면서 들었는데, 정작 내 삶에서 내가 혼자 울 때는 엄마에게 말할 수가 없었다. 왜냐하면, 이미 엄마는 슬픔과 아픈 덩어리 가슴으로 산다고 생각했기 때문이다.

그래서 나 때문에 그 가슴을 더 아프게 하고 싶지 않았다. 엄마는 내가 보는 줄도 몰랐을 거다. 가슴 아파서 부엌에서, 빨래하면서, 시장에서 누가 볼까 조용히 눈물 훔치는 엄마를 봤었다. 나랑 동생이 나간 줄 알고,

두꺼운 이불을 푹 눌러쓰고 아이처럼 흐느껴 우는 엄마의 울음소리를 들었었다. 얼마나 가엽던지.

그런 엄마를 그저 웃게 하고 싶었다. 내가 너무 사랑하는 사람이니까. 그래서 난 속으로는 슬픈데, 타인을 웃길 수 있는 사람이 됐다. 지금도 나의 지난날 슬픈 얘기를 아무렇지 않게 하며, 타인을 울게 웃게 하는 나다. 이걸 웃프다고 하던가.

그 꼬마가 다짐한 것이 '나는 행복한 사람이 돼야겠다'라는 것이었다. 엄마가 웃으면 내가 마음이 편하고 행복했듯이, 내가 웃으면 내 자식도 그럴 것이 아닌가. 엄마, 아빠가 그렇게 열심히 사시고 최선을 다하셨다고 해도, 그때 그 꼬마 선미는 알 수 없는 것이다.

그래서 나는 심리적으로 늘 고아처럼 살았다고 느끼는 거다. 나의 부모는 늘 나를 칭찬하고 자랑스러워하고 든든해 했지만. 난 늘 버겁고 힘들고 지치고 도망가고 싶은 심정이었다. 이런 마음에 결혼도 빨리했는지 모르겠다. 그 꼬마가 아무리 노력해도 엄마, 아빠를 계속 행복하게 해드린다는 게 힘에 부쳤다.

착하게 사시는데도 돈 때문에, 가족 때문에 늘 힘들어하는 부모님을 보면서 아이였지만, 뭘 말할 수가 없었다. 나 좀 챙겨 달라고. 나 좀 놀아달라고. 나 좀 봐달라고. 아니 너무 성실하게 사는 그들에게 떼를 쓰는 아이가 죄책감이 들 지경이니, 무엇을 할 수 있었을까 싶다. 그래서 나의 유일한 심리적 벗은 하늘이고, 바람이고, 길이고, 별이며, 달이었다. 난 심리적으로 편안한 상태에 있는 것이 혼자 있을 때다. 혼자 오롯이 자연과 함께 감상하듯 있으면 시간 가는 줄 모른다.

반대로 가장 불편하다고 자극받을 때가 자기만의 스타일로 고집하는 사람과 함께 있을 때다. 나를 그대로 두지 않고, 봐주지 않는 사람과 있을 때 답답해진다. 불편하고 빨리 그 자리를 떠나고 싶다. 내가 라떼 커피를 좋아한다고 하면, 그건 살찌고 몸에 안 좋다고 자기의 식습관을 설명하는 사람. 나를 생각해주는 것처럼 말하지만, 속내는 '나 좀 괜찮지? 내가 맞지? 내가 옳지?' 봐달라는 그 말. 안다. 그런데 나는 그런 피곤한 말은 이젠 그만하고 싶다.

나이가 몇인가? 낼모레면 오십인데, 아직도 그런 말로 자기가 괜찮은지, 잘사는지. 좋은 사람인지 확인을 해야 하는가? 나는 정서가 오고 가는 대화를 하고 싶지 쓸데없는 소리를 하고 싶지 않다. 차라리 아이처럼 동심으로 웃고 떠들자. 그러면 힐링이라도 되고, 에너지라도 충전된다. 이미 다 알고 있는 것들이나 네이버에 치면 다 나오는 정보를 가지고 논박을 하는가? 시간이 아깝다. 내가 120살까지 살더라도 그런 시간은 아깝다.

존재론적 대화가 되는 대상으로 있는다는 거. 내가 아무리 아들, 딸과 대화하는 엄마로 있고자 해도 아이들이 원치 않으면 그것도 할 수 없는 일이다. 또, 아이들이 원치 않는다면 언제고 고집할 마음 또한 없다. 그것 또한 존중한다. 그럴만한 것일 테니까. 지금 난 일상에서 내가 느끼는 거, 실수한 거, 생각하는 것들을 그때그때 솔직하게 말하는 편이다. 물론 애들이 듣고자 할 때 말이다.

어쩔 땐 말하다 보면 서로의 이해가 어긋나고, 견해가 다른 지점이 많다는 것을 발견하게 된다. 때때로 언쟁도 되고, 감정이 올라와 기분이 상하는 순간이 있을 때도 있다. 그러나 올라온 감정을 그대로 혼자 마주하다 보면, 얼마간의 시간이 지나면 '아 엄마가 한 말은 이거구나, 아 아들이 그땐 이런 느낌이 들었구나' 이렇게 서로에 대한 이해가 확장된다.

난 아이들과 이렇게 대화하면서 살다 보니, 어떤 날은 서로의 감정이 팽팽할 때도 있다. 그래서 어젯밤도 저녁 식탁에서 잠시 팽팽했었다. 내가 드라이브 스루에서 메뉴판 오더를 못하고 지나쳐서 계산직원이 직접 해주셨다고 그 날 에피소드를 말했었다. 딸아이가 자기 아르바이트에서 만난 진상손님이 딱 엄마처럼 말했다며 순간 화를 냈다. 너무 짜증이 났었다고. 손님이 엄마처럼 "몰라서 그랬어요. 죄송해요"라고 미안해하면서 말하니까 자기가 아무 말도 못 하고, 결국은 자기가 귀찮은 일을 더 해야 했다고. 퉁명스런 말투로 짜증 난다고 또 말했다. 그 순간 난 딸이 눌러놓은 감정이 올라왔다는 걸 알았고, 그대로 그 감정을 존중했다. 충분히 혼자 느끼도록 시간을 두고 기다렸다. '오죽하면 저럴까?' 내심 걱정도 됐다.

그랬더니 얼마간의 시간이 지난 후 내 방에 와서 말해줬다. 아까는 엄마에게 화난 게 아니었는데 자기도 모르게 그동안 힘든 게 올라와서 눈물이 났다고. 아르바이트하는 곳에선 자기를 일 잘한다고 하는데, 사실 자기는 이런 손님들을 보면 속으로 짜증 나고 그랬다고.

내가 "그랬구나, 우리 딸. 그럴 수 있어. 엄마는 괜찮아. 사실 걱정됐어. 네가 많이 힘든가 하고"라고 말해줬더니 자기는 이렇게 힘든 줄 몰랐다고 했다. 그래서 서로 사과와 위로를 해줬다.

나와 아들, 딸은 사과를 수시로 하는 편이다. 자기의 감정을 그대로 느끼고는 어느 정도 수습이 되면 직접 와서 말하든, 전화하든, 톡하든 대화를 한다. 자기가 어떤 생각으로 그렇게 말했는지, 어떤 느낌을 받았었는지, 그래서 그렇게 행동했는데 돌아보니 자기도 이런 부분은 지나친 거 같다고. 엄마도 속상했을 거 같다고. 그럼 우리는 서로 얘기해줘서 고맙다고, 사과를 받아 줘서 고맙다고 말하며 웃게 된다. 울고 웃고 이렇게 계속 살고 싶다.

과거의 내게 가장 편안한 사람은 내 말을 잘 들어주는 사람, 내 말에 무조건 긍정적으로 반응하는 사람, 나를 칭찬하는 사람이라고 생각했었다. 그런데 그런 사람들은 그들에게도 내가 그러하길 바랐고, 자기가 원하는 만큼 그것이 돌아가지 않으면 관계가 어김없이 끊어졌다.

지금 나는 자기의 생각과 느낌, 그래서 하는 행동에 대해 솔직하게 표현하는 사람이 편하고 좋다. 때로 오해가 있어도, 자기 잘못이 아니라 네 탓이라고 해명하려 하지 않고. 그때 경험한 자기의 감정을 느끼면서 나 이런 마음이 들어서 그랬다고 솔직하고 말해주는 사람. 그래서 자기가 한 행동에 대해 친절하게 말해주며 서로 '그랬구나'하는 대화가 되는 사람이 가장 편하다. 이런 사람과 함께 있으면 그 시간이 짧든 오래든 난 마냥 편하다. 아이처럼 말할 수 있다. 내가 아이처럼 말할 수 있는 사람이 좋고 편한 사람이다.

왜 불편한 관계는 반복될까?

제1판 1쇄 2023년 8월 15일
제1판 2쇄 2024년 2월   5일

지은이   금선미
펴낸이   한성주
펴낸곳   ㈜두드림미디어
책임편집 이수미
디자인   얼앤똘비악(earl_tolbiac@naver.com)

㈜두드림미디어
등록   2015년 3월 25일(제2022-000009호)
주소   서울시 강서구 공항대로 219, 620호, 621호
전화   02)333-3577
팩스   02)6455-3477
이메일   dodreamedia@naver.com(원고 투고 및 출판 관련 문의)
카페   https://cafe.naver.com/dodreamedia

ISBN   979-11-93210-12-3 (03190)

책 내용에 관한 궁금증은 표지 앞날개에 있는 저자의 이메일이나
저자의 각종 SNS 연락처로 문의해주시길 바랍니다.